PERDÃO *Total*

R. T. Kendall

PERDÃO Total

Superando o maior desafio de Deus

MATRIX

Publicado sob licença da Hodder & Stoughton

Título original em inglês:
Total Forgiveness

Direitos em língua portuguesa para o Brasil:
Editora Urbana Ltda.
atendimento@matrixeditora.com.br
www.matrixeditora.com.br

Capa:
Daniela Vasques

Tradução:
Fernando Effori de Mello

Projeto gráfico e diagramação:
Daniela Vasques

Preparação de texto:
Lucrécia Freitas

Revisão:
Otacílio Nunes

Dados Internacionais de Catalogação na Publicação (CIP)
SINDICATO NACIONAL DOS EDITORES DE LIVROS, RJ.

Kendall, R. T.
Perdão total : superando o maior desafio de Deus / R. T. Kendall ; tradução de Fernando Effori de Mello. - São Paulo : Urbana, 2011.

Tradução de: Total forgiveness

1. Perdão - Aspectos religiosos - Cristianismo. I. Título.

11-0832. CDD: 234.5
CDU: 27-185.36

Para Melissa

Índice

Apresentação

Um dos principais temas do terceiro milênio será a relação entre os países desenvolvidos industrializados do Ocidente e os países em desenvolvimento do Terceiro Mundo, especialmente os da África.

Surge uma nova ordem mundial que requer a mediação global – uma mediação cujo principal objetivo seria contribuir para a solução do relativamente novo campo dos conflitos étnicos no interior das nações, bem como dos conflitos entre nações, e também contribuir para a promoção do mundo e, em especial, para o crescimento econômico e o desenvolvimento e o bem-estar africanos. Alguns de nós, que estivemos envolvidos na mediação prática desses conflitos, chegamos à evidente percepção de que as nações precisam *perdoar* umas às outras por seu passado de exploração e opressão a vizinhos mais fracos, tanto quanto as pessoas também precisam perdoar. Para um povo que foi tão traumatizado pelas devastações da Guerra Fria e do colonialismo – um povo que procura se reconciliar com sua história de opressão, conflito e desavenças; um povo que basicamente arranha os extremos do desespero e do desânimo, como faz o povo da África –, *não pode haver futuro sem perdão*.

É neste contexto que considero o livro *Perdão total*, do dr. R. T. Kendall, extremamente oportuno e adequado, neste momento específico de nossa história humana. É um livro que deveria ser lido por todas as raças e nações do mundo. Assim como os africanos e outras raças precisam perdoar uns aos outros pelas atrocidades que têm infligido a seus vizinhos em nome de conflitos politicamente determinados e religiosos – como aconteceu em Ruanda, na Bósnia-Herzegovina, no Kosovo e na Irlanda do Norte, e continua a acontecer em Serra Leoa, Sudão, Angola, Libéria, Guiné, Somália, no conflito Etiópia-Eritreia, na Argélia e na República Democrática do Congo, para citar apenas alguns –, há também muito perdão a ser buscado entre a Europa, a América e o mundo árabe, por um lado, e a África por outro. Os povos desses países envolveram-se, por meio do comércio atlântico e árabe de escravos da África, naquilo que foi a maior migração intercontinental de trabalho não pago de uma sociedade a outra, um processo que seguiu linhas puramente raciais. A isso se seguiu a disputa europeia pela África entre 1884 e 1914, a qual tem sido descrita como a maior grilagem de terras da história. É por isso que africanos e, em certa medida, asiáticos e latino-americanos sentem amargura e ressentimento ao olhar para sua história e para o que foi feito com eles por outras raças. Olhar o passado é importante porque, sem o conhecimento da própria história e de suas ligações com o que houve, a humanidade viveria em amnésia social, intelectual – e, portanto, em certa medida, emocionalmente desenraizada. Além disso, como disse certa vez o grande filósofo norte-americano George Santayana, aqueles que não são capazes de recordar o passado estão condenados a repeti-lo.

Mas R. T. Kendall nos ensina, através deste livro, que o ressentimento, ainda que justificado, apenas consome nossas almas sem nada conquistar. Devemos, portanto, aprender a perdoar, mesmo que não esqueçamos o que houve. Nelson Mandela talvez seja o melhor exemplo do século XX de um homem que nos ensinou a perdoar. Após 27 anos de encarceramento político – a mais longa prisão política do mundo –, ele saiu ileso e disse a seu povo para perdoar seus antigos opressores brancos e, acima de tudo, fixar sua atenção no futuro: a construção de um país novo e unido. Apesar do trauma devastador do *apartheid*, Mandela escolheu o caminho do perdão e da reconciliação em vez de uma política de vingança e represálias. O mundo esperava que o mais pavoroso banho de sangue tomasse a África do Sul. Isso não aconteceu.

Então o mundo achou que, uma vez estabelecido um governo democraticamente eleito, com Mandela empossado como seu primeiro presidente negro, aqueles que durante tanto tempo tiveram seus direitos negados – cuja dignidade fora pisada sem consideração ou escrúpulos – iriam se voltar em fúria, desencadeando uma orgia de vingança e revanche que devastaria seu país natal comum. E isso também não aconteceu. Os sul-africanos conseguiram realizar uma transição extraordinária e razoavelmente pacífica, do horror da repressão à estabilidade relativa de um funcionamento político democrático não racial. No início, eles haviam surpreendido talvez até a si próprios pela serenidade demonstrada quando alguns dos detalhes sórdidos do passado foram então relatados na Comissão de Verdade e Reconciliação. Foi um fenômeno que o mundo não pôde ignorar como insignificante. Sou grato a Deus, que me permitiu desempenhar um papel nesse processo de reconciliação e perdão, que viu a realização de eleições pacíficas e democráticas em abril de 1994 e a prevenção de uma grande guerra étnica e racial.

O conflito árabe-israelense já dura tanto tempo por, infelizmente, fundamentar-se na política de retaliação mútua, maciça e imediata – a política do olho por olho, dente por dente. Mas, em última análise, as partes desse terrível conflito terão de se sentar ao redor de uma mesa, baseando-se em dar e receber, e terão de negociar um acordo pacífico e duradouro, firmando-se na política de reconciliação, do perdão e da justiça restaurativa, e não na justiça retributiva.

O mundo de fato espera exatamente um livro como este, e R. T. Kendall prestou um grande serviço à humanidade.

PROFESSOR WASHINGTON A. J. OKUMU
NAIRÓBI

Prefácio

Todo autor provavelmente acha que seu livro mais recente é seu melhor ou mais importante até o momento. E certamente acho isso deste livro. É de longe o livro que tem o maior potencial para curar o coração humano dentre todos aqueles que já escrevi, e rezo para que ele supere todas as expectativas de cada pessoa que for ler o que se segue. Ele foi criado para libertar.

Quero agradecer a Rob Parsons, Julia Fischer, Susan Perlman, Michael Schluter e Lyndon Bowring por lerem o manuscrito. Esses amigos foram um incentivo incalculável para mim, por suas sugestões pertinentes e carinhoso apoio. Meus agradecimentos a Sheila Penton, que digitou o manuscrito; e a David Moloney, meu editor na Hodder, por sua paciência e ajuda.

Acima de tudo, agradeço ao professor Washington Okumu, de Nairóbi, no Quênia, por sua disposição para escrever a *Apresentação*. Como aluno em Harvard e Cambridge, o professor Okumu teve aulas com o dr. Henry Kissinger, entre outros, na Universidade de Harvard. Depois, eles se tornaram amigos e trabalharam juntos para desenvolver a paz e a reconciliação na África do Sul. O maior legado do professor Okumu é que ele foi capaz de reunir o ex-presidente De Klerk, da África do Sul, o chefe Mangosuthu Buthelezi e Nelson Mandela, e mediar a paz entre eles, mesmo o dr. Kissinger e

Lord Carrington já tendo falhado em suas tentativas. Eis aí um dos grandes milagres do século XX. O resultado foi que Nelson Mandela tornou-se o primeiro presidente negro da África do Sul, e o mundo inteiro sentiu-se grato. Paralelamente a esse acontecimento, o professor Okumu foi praticamente a principal força responsável por evitar uma guerra civil na África do Sul.

Este livro é dedicado com amor à minha filha Melissa. Ela sabe o que é sofrer dores profundas, mas também o significado de perdoar – totalmente.

R. T. KENDALL
CAPELA de WESTMINSTER, LONDRES

Introdução

R. T., você precisa perdoá-los totalmente. Você ficará acorrentado até perdoá-los totalmente. Liberte-os e você será libertado.

Nunca ninguém havia falado assim comigo em toda a minha vida. Essas palavras, dadas a mim de forma inesperada por meu amigo Josif Tson, da Romênia, estão entre mais importantes que alguém já partilhou pessoalmente comigo. "Leais são as feridas feitas pelo amigo" (Pv 27:6).

Em sua edição de 5 de junho de 2000, o jornal londrino *Daily Express* trouxe um artigo com este título: "Você é capaz de aprender a perdoar?". As primeiras palavras eram estas: "Guardar rancores pode atrasar sua vida e até prejudicar sua saúde". A autora do artigo, Susan Pape, entrevistara o dr. Ken Hart, professor da Universidade de Leeds, que conduzia o "primeiro curso de perdão do mundo", criado para ajudar as pessoas a perdoar seus inimigos e abandonar seus rancores. Os participantes incluíam desde vítimas de assalto a maridos abandonados, até pessoas que haviam sofrido intimidações e *bullying*. Todos tinham uma coisa em comum: raiva, ressentimento e desejo de vingança.

Esse não era, até onde eu sei, um curso cristão; mais pareceriam pessoas fazendo algo bíblico sem saber. Há indícios de que o mundo está começando a reconhecer o mérito das pessoas que perdoam, e talvez os cristãos é que estejam atrasados nesse sentido. Infelizmente, por muito tempo, isso me incluía.

Muitos de nós temos momentos em nossas vidas em que somos forçados ao limite em termos de perdão. Lembro-me do que me aconteceu com muita clareza. Jurei não mais contar a história, mas basta dizer que eu nunca havia sido tão profundamente magoado. O mal que creio que me fizeram atingiu praticamente todas as áreas de minha vida: minha família, meu ministério, meu sentimento de autoestima. Às vezes eu me sentia como Jó: "Nunca estive tranquilo, nem sosseguei, nem repousei, mas veio sobre mim a perturbação" (Jó 3:26). Às vezes, como Davi: "Ouve-me depressa, ó SENHOR; o meu espírito desmaia. Não escondas de mim a tua face, para que não seja semelhante aos que descem à cova" (Sl 143:7). Duvido que aqueles que me causaram isso tivessem a menor ideia do que eu passava, e rezo de todo o coração para que nunca saibam.

Fico corado em admitir que as palavras de Josif Tson referidas anteriormente me foram ditas quando eu já me tornara ministro da Capela de Westminster. Eu, mais do que ninguém, não deveria precisar de tais palavras. Ninguém deveria ter de dizer a um maduro ministro do evangelho de Cristo o ensinamento mais óbvio e fundamental do Novo Testamento. Ali estava eu, no ministério de nosso Senhor Jesus Cristo, mas cheio de tanta mágoa e ressentimento, que só posso dizer que não merecia estar ali. É por isso que quase tenho vergonha de confessar isso. Mas conto por dois motivos: (1) isso mostra como Deus tem sido benevolente comigo, apesar de minha raiva e autopiedade; e (2) pode incentivar você.

O que talvez seja ainda mais espantoso é que, antes disso, meu espírito implacável não havia me incomodado tanto assim. Se você tivesse me feito relembrar as palavras de Jesus de que devemos amar uns aos outros (João 13:35), ou do pedido na oração do *Pai-Nosso*: "Perdoai as nossas dívidas, assim como nós perdoamos aos nossos devedores", eu teria respondido: "Ora, sei bem disso". Provavelmente presumi que, como ninguém é perfeito e todos nós pecamos em alguma medida, todos os dias, esse tipo de pecado (o ressentimento) certamente caía nessa categoria. Além do mais, Deus compreendia plenamente e se solidarizava com *minhas* circunstâncias particulares, que eram – eu pensava – anormais. Em outras palavras, eu racionalizava minha atitude e meu comportamento.

Mas, felizmente, o poder do Espírito Santo veio juntamente com as palavras de Josif para mim. Ainda assim, eu sentia raiva; estava bloqueado. E as palavras de Josif, no final, foram fundamentais e transformadoras. Eu nunca mais seria o mesmo.

Para ser honesto, apenas contei a ele meu problema porque pensei que ganharia um pouco de solidariedade de um homem que eu respeitava profundamente e esperava que fosse ficar do meu lado. Eu achava que ele iria colocar o braço em meu ombro e dizer: "R. T., você tem toda a razão de estar com tanta raiva. Não fique na vontade, não, dê o troco". Mas que nada. Com compaixão, mas também sobriedade, ele me repreendeu e não me livrou a cara.

Essas palavras vieram a mim durante a maior provação que havia experimentado até então. Eu não me sentia capaz de contar minha história a ninguém, mas, como Josif era da Romênia e guardaria segredo, contei-lhe tudo. – Tem mais alguma coisa? – ele perguntou. – Não, é só isso – eu disse. Então vieram aquelas palavras notáveis, com seu encantador sotaque romeno:

– Você precisa perdoá-los totalmente.

– Não posso – respondi.

– Você pode e deve – ele insistiu.

– Acabo de me lembrar. Tem mais. Ainda não lhe contei...

– R. T. – ele interrompeu –, você precisa perdoá-los totalmente. Você ficará acorrentado até perdoá-los totalmente. Liberte-os e você será libertado.

Foi a coisa mais difícil que já haviam me pedido para fazer.

Não estou dizendo que seja um mar de rosas. É muito mais fácil falar do que fazer aquilo de que trato neste livro. Repito... foi a coisa mais difícil que já haviam me pedido para fazer, mas foi também a melhor coisa que já me pediram para fazer.

Uma bênção inesperada surgiu quando comecei a perdoar: veio-me ao coração uma paz que eu não sentia havia anos. Foi maravilhoso; já havia esquecido como era. Ela me viera anos antes – em 31 de outubro de 1955, guiando meu carro em uma manhã de segunda-feira, vindo de minha igreja em Palmer,

Tennessee. Os leitores de *The anointing* (Hodder & Stoughton, 1998) e *The sensitivity of the spirit* (Hodder & Stoughton, 2000) talvez se lembrem um pouco da história. Eu vinha de meu encontro de jovens para o Trevecca Nazarene College, em Nashville. Enquanto dirigia, ali estava o Senhor Jesus, literalmente, intercedendo por mim à direita do Pai. Eu nunca me senti tão amado. Jesus estava orando por mim com todo seu coração. Depois disso – uma hora mais tarde –, lembro-me apenas de ouvir Jesus dizer ao Pai: "Ele quer". E ouvi o Pai responder: "Pode dar a ele". Naquele momento, foi como se um fogo líquido entrasse em meu peito. Lembrei-me das palavras de John Wesley: "Senti meu coração estranhamente aquecido". E veio uma paz incrível, realmente impossível de descrever. A pessoa de Jesus era mais real para mim do que qualquer coisa ou qualquer pessoa ao meu redor. Isso durou vários meses, mas afinal o sentimento passou.

Agora, porém, essa emoção começava a voltar – a paz e a sensação de proximidade a Jesus. Tudo porque eu estava libertando aquelas pessoas, perdoando-as, livrando-lhes a cara.

No entanto, quando me pegava novamente pensando "no que elas fizeram", ficava agitado por dentro. Eu dizia a mim mesmo: "Essa gente vai se safar. Isso não é justo. Eles não vão ser pegos nem descobertos. Ninguém vai saber. Isso não está certo". E aquela doce paz ia embora mais uma vez.

Assim, percebi um ciclo interessante: quando sentia o espírito do perdão total para com aqueles que me haviam feito mal, a paz voltava; quando eu remoía o ressentimento, com a probabilidade de que eles não seriam pegos, a paz ia embora.

Era preciso tomar uma importante decisão: o que é que eu prefiro – a paz ou o ressentimento? Não podia ter os dois. Comecei a ver que *eu* era o grande perdedor – o empobrecido – por não perdoar. Meu ressentimento não prejudicava outra pessoa além de mim mesmo.

Quando estamos ressentidos, temos a ilusão de que aqueles que nos magoaram têm mais chances de ser punidos contanto que nos concentremos na vingança. Temos medo de abandonar os sentimentos de vingança. Afinal, se não fizermos planos para garantir que a justiça seja feita, como ela será feita? Acreditamos que, sim, cabe a nós entrar em cena.

Isso é uma mentira – a mentira do diabo: "Não vos vingueis a vós mesmos, amados, mas dai lugar à ira, porque está escrito: Minha é a vingança; eu recompensarei, diz o Senhor" (Rm 12: 19). Apenas magoamos a nós mesmos quando revivemos o que nos aconteceu e fantasiamos sobre como será quando "eles" forem punidos. Acima de tudo, entristecemos o Espírito Santo de Deus. É por isso que perdemos a paz interior.

Cheguei à conclusão de que a principal maneira de entristecermos o Espírito é pelo ressentimento. O principal motivo pelo qual digo isso é porque é a primeira coisa que o apóstolo Paulo diz imediatamente após nos advertir para não entristecermos o Espírito:

> E não entristeçais o Espírito Santo de Deus, no qual estais selados para o dia da redenção. Toda a amargura, e ira, e cólera, e gritaria, e blasfêmia e toda a malícia sejam tiradas dentre vós. Antes sede uns para com os outros benignos, misericordiosos, perdoando-vos uns aos outros, como também Deus vos perdoou em Cristo.
>
> Efésios 4:30-2

A partir de minha experiência, vejo também que a maneira mais rápida pela qual pareço perder a paz interior é quando permito que o ressentimento entre novamente em meu coração. É aí que a paz vai embora. Não vale a pena!

Decidi-me pela paz interior, mas descobri que tinha de executar essa decisão através de um compromisso *diário* de perdoar aqueles que me magoaram; e, para perdoá-los totalmente, eu como consequência livrava-lhes a cara e me resignava ao conhecimento de que: (1) eles não seriam pegos nem descobertos; (2) ninguém jamais saberia o que eles tinham feito; e (3) eles prosperariam e seriam abençoados, como se não tivessem feito nada de errado. E mais: eu realmente desejava isso! Eu orava por isso! Pedia a Deus para perdoá-los. Mas era preciso fazer isso todos os dias a fim de manter a paz dentro do meu coração. Tendo estado em ambos os lados, posso lhe dizer: a paz é melhor. O ressentimento não vale a pena.

Escrevo este livro para incentivar quem já teve problemas para perdoar. Escrevo para que essas pessoas vejam os reais motivos para perdoar. Portanto, escrevo para ajudar quem quer que tenha sido magoado, por mais profundas que sejam as mágoas, a aprender a perdoar. Muitos já devem ter passado por experiências bem piores do que qualquer coisa que já passei, mas cheguei à crença de que a única maneira de avançar é através do perdão total – independentemente da experiência. Quero que este livro transforme vidas da mesma forma como a minha própria se transformou pela amorosa repreensão de Josif para comigo.

Estou convencido de que o tema do perdão total é talvez mais crucialmente necessário no presente momento do que quase qualquer outro ensinamento da Bíblia.

As razões pelas quais digo isso são as que se seguem. Primeiro, quando chego e prego a mensagem do perdão total, há uma resposta das mais tremendas. Nenhum sermão ou tema que abordo sequer chega perto da resposta emocional que encontro quando chego a este assunto. Portanto, isso me diz que há uma incrível necessidade por aí – mesmo entre os cristãos – de enfrentar essa questão.

Segundo, quando volto a este tema em minha própria igreja, como costumo fazer, embora ele tenha sido mencionado apenas algumas semanas atrás, em geral é como se eu nunca tivesse tocado naquele assunto! Claramente, essa questão de se livrar do ressentimento e perdoar totalmente uns aos outros não é tratada com facilidade. Às vezes me pergunto se não seria melhor pregar sobre ela todas as semanas!

Terceiro, é evidente que nunca me senti suficientemente incomodado por minha própria incapacidade de lidar com o perdão àqueles que me haviam decepcionado. Por quê? Tenho feito essa pergunta muitas vezes. Eu certamente sabia que essa era a mensagem de Jesus, então por que não fui dominado por ela? Por que precisei ouvir isso de um homem que morava atrás da Cortina de Ferro (como costumávamos chamá-la)? Será que os cristãos do leste da Europa têm uma ênfase que nós do Ocidente subestimamos?

Por que eu não tinha sido confrontado com essa mensagem do perdão total por todos os meus heróis – vivos e mortos? Já li centenas de sermões de puritanos e reformadores, mas não me lembro de me haverem dito que devo perdoar totalmente, pois, senão, entristeço o Espírito Santo. Por mais devotos que meus pais fossem, não posso dizer que o perdão total foi algo que me ensinaram conscientemente em casa. Nenhum único mentor (que eu me lembre) enfatizou isso como estilo de vida. Pelo contrário, parece que lembro de me dizerem: "Trate-os com desprezo", "Afaste-se deles", "Deixe-os de escanteio", "Dê-lhes uma lição", "Eles devem ser punidos" – e outras palavras nesse sentido.

Quarto, pode servir de consolo saber que um número crescente de pessoas informadas vem recentemente identificando essa incrível negligência. Em uma edição recente de *Christianity Today* (10 de janeiro de 2000), em cuja capa lia-se *O fator perdão* em letras bem destacadas, o escritor Gary Thomson escreve que este ensinamento tem sido bastante negligenciado. O teólogo Lewis Smedes foi um dos primeiros a enfatizar isso – em 1984! O professor Robert Enright, presidente do *International Forgiveness Institute* (Instituto Internacional do Perdão), que descreve a si mesmo como um "católico evangélico", comentou que, antes do livro *Forgive and forget*, de Lewis Smed (Harper San Francisco, 1984): "Se você reunisse todos os livros teológicos sobre o perdão entre pessoas (em oposição ao perdão divino-humano), poderia segurá-los em uma só mão". Se isso é verdade, embora não me sirva de desculpa, ajudaria a explicar minha própria falta de consciência sobre o tema – e a razão pela qual realmente nada me foi ensinado.

Algumas pessoas ficam compreensivelmente abismadas ao ver que uma doutrina tão evidente nas Escrituras aparentemente pudesse ficar adormecida por tantas centenas de séculos. Mas quando se pensa no simples ensinamento de perdoarmos uns aos outros, e como ele pôde ser "varrido para debaixo do tapete" por tanto tempo, isso faz com que muitos de nós, que somos os líderes da Igreja, nos arrependamos juntos. Além disso, se esse ensinamento tivesse se tornado uma ênfase e um estilo de vida de todos aqueles dentre nós que são, em certa medida, autoridades, possivelmente não teriam ocorrido as divisões e as mágoas que têm caracterizado tantos cristãos. Infelizmente, a era atual não é diferente de qualquer outra na história da Igreja no que se refere a ser caracterizada por companheiros de fé falando e escrevendo uns contra os outros.

Isso fica muitas vezes disfarçado como batalha doutrinal pela verdade, mas, em outras, o verniz é fino como papel, e, por baixo, estão os antiquíssimos ciúmes, interesses mesquinhos e a mera humanidade que afeta a todos.

Quinto, os cientistas sociais estão descobrindo que o perdão pode ajudar a saúde emocional das vítimas – resultando até mesmo em integridade e cura físicas. Em um passado tão recente como o início dos anos 1980, o dr. Glen Hamden foi à biblioteca da Universidade do Kansas e procurou a palavra *perdão* nos resumos de teses psicológicas; não conseguiu encontrar uma única referência. Mas as coisas estão mudando... O ex-presidente norte-americano Jimmy Carter, o arcebispo Desmond Tutu e a ex-missionária Elisabeth Elliot vêm liderando a Campanha pelas Pesquisas sobre Perdão, com 10 milhões de dólares em recursos, estabelecida como uma organização sem fins lucrativos para atrair doações que apoiem propostas de pesquisa sobre o perdão. Em 1998, a John Templeton Foundation concedeu bolsas de pesquisa para o estudo do perdão a 29 acadêmicos. Uma das principais descobertas foi que a primeira pessoa que ganha com o perdão é a pessoa que perdoa. Mas isso é algo que deveria nos surpreender?

Entretanto, este livro é inteiramente sobre o ensino *bíblico*, não sobre resultados de pesquisas psicológicas ou sociológicas. Quero mostrar o que Jesus ensinou e como foi sua interpretação pelos apóstolos. Os benefícios deste livro certamente podem ter efeitos psicológicos ou mesmo físicos positivos, mas vou me concentrar na *bênção espiritual* que vem para aqueles que levam o ensinamento de Jesus sobre o perdão total a sério. Em uma palavra: trata-se de receber uma unção maior.

Como perdoar a quem nos ofendeu gravemente pode ser algo muito difícil de experimentar, especialmente quando a confiança é quebrada, Michelle Nelson optou por falar de graus ou tipos diferentes de perdão. Ela listou três categorias: (1) *perdão distanciado* – quando há uma redução dos sentimentos negativos em relação ao agressor, mas não ocorre nenhuma reconciliação; (2) *perdão limitado* – significa uma redução dos sentimentos negativos para com o agressor e a recuperação de um relacionamento parcial com ele; há também uma diminuição na intensidade emocional do relacionamento;

e (3) *perdão pleno* – significa uma cessação total dos sentimentos negativos em relação ao agressor, e o relacionamento se recupera e cresce.

Optei por falar em perdão "total"(mesmo porque foi essa a expressão que meu amigo Josif Tson usou comigo), mas este livro é também sobre o perdão total mesmo quando não há a recuperação de um relacionamento. É preciso perdoar totalmente mesmo aquelas pessoas com as quais sabemos que não haverá reconciliação. Isso se refere, portanto, àquilo que fazemos em nossos corações: se não houver reconciliação, ainda assim poderá haver o perdão total. Algo que se aplica, portanto, até a alguém que ainda deve perdoar totalmente aqueles que hoje não estão mais vivos. Isso deve acontecer no coração. Se acontecer, aí, sim, surge a paz – com ou sem recuperação completa do relacionamento. O que importa é que o Espírito Santo viva desentristecido em nós. Um significado de que o Espírito está pleno em si mesmo, como tento mostrar em meu livro *The sensitivity of the Spirit*. O grau em que o Espírito Santo está em mim será o grau em que eu for como Jesus e realizar seus ensinamentos.

CAPÍTULO

1

O que é o perdão total?

Todos nós temos uma história para contar. Você que lê estas linhas pode achar que é impossível perdoar um marido ou esposa infiel. Você pode sentir que não consegue perdoar a mãe ou o pai abusivo. Você pode achar impossível perdoar algo que fizeram com seu filho ou filha. Como podemos perdoar o líder de igreja que se aproveitou de sua posição? E a pessoa que mentiu para nós ou sobre nós, apenas para ganhar a crença de muitos? Há o estuprador que está por aí. O molestador de crianças. O parente que abusou. O racista. O ladrão. O ex-amigo íntimo que agora é inimigo. A lista não tem fim...

Perdoar aqueles que magoaram nossos entes queridos

Recebi uma carta de cortar o coração de uma pessoa que me ouvira pregar sobre o "perdão total" há alguns anos. A pessoa relatava o que seu genro havia feito com sua filha e netos. Foi horrível. "Você está dizendo que devemos perdoar totalmente esse genro?", ela perguntava. Essa era difícil. Mas tive de lhe responder: sim. Quisera poder levar a carta em mãos à pessoa e estar lá quando ela a lesse. Meu coração foi ao seu encontro. Não foram poucas as outras cartas que já recebi descrevendo de tudo: de infidelidade a incesto, a estupro, a mentiras brutais. É o suficiente para me fazer examinar profundamente o que prego – e o que escrevo neste livro.

A questão mais difícil que tive de enfrentar nos últimos anos não foi o assunto sobre o qual conversei com Josif Tson. Esse episódio agora parece uma coisinha à toa comparado ao que tenho enfrentado desde então. Uma de minhas maiores lutas foi ver um membro da família magoado por cristãos. Acho muito mais fácil perdoar o que as pessoas fizeram ou disseram com relação a mim, pessoalmente, do que a meus filhos.

Não é diferente de Corrie ten Boom ter de perdoar o guarda da prisão que fora tão cruel com sua irmã. Corrie viu esse homem tratar sua irmã – que morreu pouco tempo depois – com extrema violência quando ambas estavam na prisão por proteger judeus na Holanda, durante a Segunda Guerra Mundial. Anos mais tarde, Corrie estava sentada no altar, preparando-se para falar, quando viu aquele mesmo homem na igreja, entre os fiéis. Ela travou uma luta em seu próprio coração. Rezou desesperadamente para que Deus o preenchesse com o amor de Jesus. Ele o preencheu, mas a questão não ficou mais fácil quando, após o culto, esse guarda disse, mais ou menos nestes termos, e com certa leviandade, como Deus é bom em perdoar a todos nós. Ela se perguntava quanto ele realmente estava arrependido.

Assim, muitas vezes me parece mais fácil perdoar o que nos fazem pessoalmente do que aquilo que fazem a pessoas próximas. Mas, ainda assim, é muito difícil perdoar aqueles que nos ferem diretamente, em especial quando eles não sentem o menor remorso em sua consciência. Quando podemos ver que de fato sentem, então, fica muito mais fácil.

Mas ninguém parecia sentir muito pesar aos pés da cruz de Jesus. Não houve justiça em seu "julgamento" – se é que podemos chamá-lo assim. Havia alegria nos rostos das pessoas que conseguiram o que queriam: "E eles tornaram a clamar: Crucifica-o" (Mc 15:13). E mais: "E os que passavam blasfemavam dele, meneando as suas cabeças, e dizendo: 'Ah! tu que derrubas o templo, e em três dias o edificas, salva-te a ti mesmo, e desce da cruz'" (Marcos 15:29-30). Eles gritavam: "O Cristo, o Rei de Israel, desça agora da cruz, para que o vejamos e acreditemos" (Mc 15:32). E qual foi a resposta de Jesus? "Pai, perdoa-lhes, porque não sabem o que fazem" (Lc 23:34). Deve ser a nossa resposta também.

Ele poderia ter dito: "Eu perdoo vocês", mas tais palavras

teriam sido mal interpretadas e desperdiçadas. Seria também lançar suas pérolas aos porcos (Mt 7: 6). Em vez disso, Jesus pediu ao Pai que os perdoasse. Esse foi um gesto muito maior, de qualquer forma. Ao pedir ao Pai que os perdoasse, mostrava que ele os havia perdoado; que os havia liberado de suas culpas. Ele também livrou o Pai de ter de puni-los; ao pedir-lhe que não se vingasse deles. Não foi uma oração perfunctória; Jesus realmente queria isso. E foi gloriosamente respondido! Eles estavam entre aqueles mesmos a quem Pedro falou no Dia de Pentecostes (Atos 2: 14-41) e que foram convertidos.

A prova definitiva do perdão total

A prova definitiva do perdão total é quando sinceramente pedimos ao Pai para livrar aqueles que nos feriram – mesmo que eles tenham ferido pessoas que nos são próximas.

No auge de uma das épocas mais difíceis na Capela de Westminster, em 1980, tive de ficar cara a cara com isso. Lembrei-me das palavras de Josif Tson para mim, e então rezei para que algumas pessoas fossem perdoadas. Eu não sentia nada, apenas dizia. Mas então, após alguns momentos, foi como se o Senhor me dissesse: "Você sabe o que está me pedindo para fazer?". Eu achava que sabia. Então disse: "Sim". Ele então pareceu responder: "Você está me pedindo para libertá-los como se eles não tivessem feito nada?". Isso me fez parar. Eu precisava de algum tempo para entender. Mas, enquanto eu ponderava, parecia que o Senhor me relembrava do que ele havia me perdoado. Eu estava com medo de pensar que ele poderia revelar – ou deixar aparecer – algumas coisas das quais havia me perdoado. Então orei humildemente: "Sim, Senhor, peço-lhe que os perdoe". Ele então pareceu dizer: "Você quer, então, que eu os abençoe e os faça prosperar?". Mais uma vez, precisei de um pouco de tempo. Então o Senhor pareceu dizer: "E se eu perdoar e abençoar você, R. T., na mesma medida em que você quer que eu os perdoe e os abençoe?". Agora eu não tinha mais escolha, nem poderia afirmar nenhuma grande piedade de minha parte por perdoá-los e rezar para que fossem abençoados. Deus me havia golpeado até o canto do ringue, e eu me rendi. A essa altura, eu sincera e realmente orava para que eles fossem perdoados e abençoados, como se não tivessem cometido ofensa alguma, mas não posso afirmar que minhas orações fossem particularmente piedosas ou altruístas.

Algum tempo atrás, houve uma série de televisão norte-americana retratando cristãos que haviam perdoado aqueles que os haviam prejudicado. O produtor, que não era cristão, ficou profundamente comovido. Ele disse que, embora não se interessasse por pregações, não era algo que podia ignorar. "Alguma coisa deve estar acontecendo em suas vidas", ele disse. E acrescentou: "É muito antinatural que uma pessoa perdoe aqueles que a magoaram, e deseje a reconciliação". Em uma palavra: não há maior testemunho aos que estão perdidos do que isso. Mas esta é, afinal, a mensagem do Novo Testamento: "Isto é, Deus estava em Cristo reconciliando consigo o mundo, não lhes imputando os seus pecados; e pôs em nós a palavra da reconciliação" (II Coríntios 5: 19). "Mas Deus prova o seu amor para conosco, em que Cristo morreu por nós, sendo nós ainda pecadores" (Rm 5:8).

Certa vez, discursei para um grupo de missionários no sul da França. Enquanto estive lá, recebi hospitalidade na casa de alguém que havia sido muçulmano, mas agora era um missionário cristão. Fiquei surpreso com isso e me espantei com sua mudança de vida. Ele me disse que tinha sido levado a Cristo por soldados britânicos, quando morou em Madagascar. Mas o que eu realmente queria saber mesmo era o que de fato o conquistou: "Que argumento eles usaram? Que linha de raciocínio o convenceu a passar do islã para o cristianismo?". Ele respondeu: "Não foi o que eles disseram; foram eles". Isso me desafiou. Fez com que eu visse a insensatez de imaginar que somente conquistaremos as pessoas através de argumentos superiores, ou com uma ótima pregação. O que mais impressiona o mundo, devo dizer, são vidas modificadas – para as quais não há explicação natural alguma.

A motivação para perdoar *pode* ter uma explicação natural

O produtor de televisão referido anteriormente chamou a reconciliação e o perdão mútuo de *antinaturais*, mas isso não é bem verdade. A motivação de perdoar tem, muitas vezes, uma explicação natural. Pois Jesus fala conosco de uma forma que chama nossa atenção – quando nada, apelando para nosso interesse próprio. "Não julgueis, para que não sejais julgados" (Mt 7:1). Um motivo para não julgar os outros é não deixar que sejamos julgados. Se o principal desejo de uma pessoa é uma maior unção, e dizem-lhe que essa unção virá na proporção em que ele perdoar os outros, então ele ficará mais motivado a perdoar. Eu, pelo menos, quero uma maior unção. Se você pudesse ler meu coração quando Josif Tson me aconselhou, "Você deve perdoá-los totalmente", acredito que teria descoberto que – lá no fundo – eu aceitei porque queria mais bênçãos de Deus. Portanto, não é completamente *antinatural* alguém tentar perdoar.

Por exemplo, vi, de forma inesperada, em um de nossos cultos, uma pessoa que havia ferido seriamente um de meus filhos. Foi um pouco antes do horário em que eu deveria pregar. Senti-me como Corrie ten Boom deve ter se sentido. Em um instante o Senhor pareceu me dizer: "Você diz que quer um Avivamento nesta igreja. E se o Avivamento depender de você perdoar totalmente esta pessoa?". Eu me senti péssimo. Senti-me egoísta. Senti-me encurralado. Mas tinha de tomar uma decisão ali mesmo – pelo menos era o que me parecia – sobre querer realmente ou não um Avivamento em nossa igreja. Em outras palavras, o que importava mais para mim: ficar quite com aquele que havia ferido um de meus filhos ou a bênção do Espírito? Optei por essa última, mas a minha oração ainda tinha uma explicação natural. Eu não queria carregar em minha consciência que estava obstruindo a bênção do Espírito quando todos ali à minha volta oravam fervorosamente para isso. Ainda me debato nessa área e penso que – apenas talvez – eu tenha perdoado totalmente essa pessoa. Tenho pedido ao Senhor que a abençoe e a liberte, mas não tem sido fácil. Perdoar totalmente alguém não significa necessariamente querermos passear com esse alguém.

O que se exige de nós é perdoar

O que se exige de nós é perdoar assim como fomos perdoados: "Antes sede uns para com os outros benignos, misericordiosos, perdoando-vos uns aos outros, como também Deus vos perdoou em Cristo" (Ef 4:32); "Suportando-vos uns aos outros, e perdoando-vos uns aos outros, se alguém tiver queixa contra outro; assim como Cristo vos perdoou, assim fazei vós também" (Cl 3:13).

Então, pergunto como o Senhor me perdoou? Resposta: meus pecados, que são muitos, nunca serão usados contra mim e ninguém saberá o que eu fiz. "Assim como está longe o Oriente do Ocidente, assim afasta de nós as nossas transgressões" (Sl 103:12). Segue-se, consequentemente, que não vou fazer as pessoas responderem pelo que fizeram comigo. Não vou usar nada contra elas, nem contar a ninguém o que elas fizeram.

Você pode responder: "Mas você contou tudo a Josif Tson". Verdade – e fico felicíssimo por ter contado. Mas eu não planejava iniciar uma campanha difamatória contra qualquer um que fosse. Certamente minha atitude não foi perfeita – eu queria receber bastante solidariedade, mas fui misericordiosamente colocado em meu lugar por Josif. Não fosse assim, não sei por quanto tempo eu teria ficado quieto. Só posso agradecer a Deus por ter me enviado essa pessoa sábia antes que eu pudesse ter me destruído.

Davi deve ter se sentido assim. Naqueles anos antes de ele ser coroado – quando era "o homem do amanhã" em um época de preparação (veja em meu livro *The anointing*) – Davi ansiava por vingança contra Nabal. Mas Deus enviou Abigail – em cima da hora –, que apelou ao bom senso de Davi:

> Então Davi disse a Abigail: Bendito o SENHOR Deus de Israel, que hoje te enviou ao meu encontro. E bendito o teu conselho, e bendita tu, que hoje me impediste de derramar sangue, e de vingar-me pela minha própria mão. Porque, na verdade, vive o SENHOR Deus de Israel, que me impediu de que te fizesse mal, que se tu não te apressaras, e não me vieras ao encontro, não ficaria a Nabal até a luz da manhã nem mesmo um menino.
>
> I Sam 25:32-4

Se você precisar contar a outra pessoa o que alguém lhe fez – porque você não consegue conter a dor –, então conte a apenas uma delas, alguém que não vá repetir aquilo para ninguém. Só espero que essa pessoa seja tão leal com você quanto Josif foi comigo.

Quando *devemos* falar da mágoa

E o estuprador? E o molestador de crianças? As autoridades não deveriam saber? E a disciplina da Igreja? Pode-se perdoar totalmente e denunciar uma enfermidade ou crime ao mesmo tempo em que se perdoa totalmente? Sim – falarei mais sobre isto logo adiante, mas agora devo dizer que o perdão total não significa fechar os olhos àqueles que vão continuar a prejudicar os outros. O apóstolo Paulo ordenou que o homem incestuoso de Corinto fosse posto para fora da Igreja para evitar que toda a Igreja se corrompesse (I Co 5:5). O estuprador, portanto, deve ser preso. Abusadores de crianças devem ser denunciados à polícia antes que reincidam.

O tema de que trato principalmente neste livro não está tão relacionado a um crime que tenha sido cometido, ou à Igreja atormentada por pecados escandalosos. É antes sobre nutrir um rancor porque você quer vingança... é disso que trata este livro. Querer "ir à forra" é o que tem de ser tratado.

É certo que existe uma linha muito fina entre o desejo de ver o estuprador ou abusador de crianças preso e ater-se ao princípio de que tal pessoa é um perigo para a sociedade. Como veremos a seguir, quando estamos pessoalmente agitados em geral nos tornamos desqualificados para remover o cisco do olho do outro (Mt 7:5). Mas uma pessoa que foi estuprada precisa ser testemunha em um tribunal e, ao mesmo tempo, perdoar o agressor. De modo algum digo que isso seja fácil. Mas façamos primeiro algumas considerações esclarecedoras sobre o que o perdão total não é – e depois o que ele é.

O que o perdão total *não é*

1 Aprovação daquilo que fizeram

Deus nunca aprovou nossos pecados; ele odeia o pecado. Jesus perdoou a mulher adúltera, mas não aprovou o que ela fez. Ele lhe disse: "Vai-te, e não peques mais" (João 8:11). Deus estava zangado com os nossos primeiros pais, Adão e Eva, mas fez roupas de peles para eles e os vestiu (Gn 3:21). Isso imediatamente mostrou que ele os tinha perdoado. As roupas de pele significavam o sacrifício de sangue que apontava para o

Redentor que estava por vir. Portanto, Deus não aprovou o que eles fizeram – nem aprova nossos pecados hoje. "Mas contigo está o perdão, para que sejas temido" (Sl 130:4). Assim também conosco. Perdoar as pessoas não significa a aprovação de seu mal. Nós perdoamos o que não aprovamos porque é assim que Deus faz com cada um de nós.

2 Desculpar o que fizeram

Não os acobertamos. Não apontamos circunstâncias que justifiquem seu comportamento. É verdade que "cada pessoa é digna de compreensão", como diz o dr. Clyde Narramore, mas isso não os desculpa.

A Moisés foi oferecido um "novo acordo". Deus lhe disse – mais ou menos nestes termos – "Você tem um bocado de gente ruim para conduzir, e eles não te seguem muito bem. Eles têm sido teimosos e incorrigíveis. Vou varrê-los da face da Terra e começar tudo de novo – com uma nova nação" (veja Nm 14:11-12). Moisés, porém, rejeitou a oferta; e intercedeu por eles. Entretanto, não desculpou seu comportamento, mas, ao invés disso, apelou à misericórdia de Deus: "Perdoa, pois, a iniquidade deste povo, segundo a grandeza da tua misericórdia; e como também perdoaste a este povo desde a terra do Egito até aqui" (Nm 14:19). E Deus os perdoou.

3 Justificar o que fizeram

Justificar significa tornar certo ou justo. Segundo o *Oxford Dictionary*, significa "mostrar que (uma pessoa ou uma declaração ou um ato etc.) é certo, justo ou razoável". Não existe maneira de justificar o mal; Deus nunca justificou o mal e não nos obriga a fazê-lo.

No incidente anterior sobre Moisés e os israelitas, Moisés não ofereceu uma sombra sequer de justificativa para o comportamento deles. Em vez disso, ressaltou a Deus que os egípcios não teriam uma imagem das mais elevadas do poder ou do nome de Deus se eles fossem eliminados. Portanto, quando se requer que perdoemos, não se requer que façamos o que é errado parecer certo.

4 Perdoar o que fizeram

O perdão é uma transação legal que libera o infrator das

consequências do ato, como as penalidades. É por isso que não pedimos que o estuprador culpado fique isento de punição. Ele precisa pagar sua dívida com a sociedade e garantir que essa sociedade não viverá com medo dele.

Conheci uma senhora que foi estuprada por uma pessoa de um país do Oriente Médio. Na hora, ela não sabia que ele era estrangeiro, mas descobriu depois, quando ele foi pego. Nesse meio-tempo, tornou-se cristã. A polícia queria que ela testemunhasse. Disseram-lhe que o estuprador poderia ser enviado de volta a seu país, e que isso poderia significar a execução dele. Ela me procurou, e eu a aconselhei a testemunhar contra esse homem. Ela já o tinha perdoado – e não queria colocá-lo em apuros por motivos vingativos. Mas se ela não tivesse se apresentado, ele provavelmente teria voltado a estuprar. Ao testemunhar, ela já não tinha ressentimento, mas apenas descreveu o que aconteceu. O homem foi enviado de volta a seu país; provavelmente nunca saberemos o que aconteceu com ele depois disso.

5 Reconciliação

O perdão e a reconciliação nem sempre são a mesma coisa. Reconciliação envolve duas pessoas; e a pessoa que você perdoa pode não querer vê-lo. Ela pode até estar morta. Além disso, você pode não querer ser o melhor amigo da pessoa que perdoou.

A reconciliação significa a recuperação de uma amizade depois de uma briga. Quando marido e mulher perdoam um ao outro, isso geralmente significa reconciliação – mas nem sempre. O ressentimento e o desejo de punir podem ter acabado, mas o desejo de ter as coisas como eram pode não ser necessariamente tão forte. Se um dos cônjuges é infiel e dorme com o(a) melhor amigo(a) do outro, essa amizade provavelmente nunca mais será a mesma, embora o ressentimento e o desejo de vingança precisem acabar. Uma pessoa ferida pode perdoar um infrator sem reconciliação. É maravilhoso se houver mesmo a reconciliação, mas ela não deve ser pressionada em certos casos. Algumas coisas nunca mais poderão ser as mesmas. São necessárias duas pessoas para se reconciliarem, e uma total disposição de ambas as partes.

"Isto é, Deus estava em Cristo reconciliando consigo o mundo" (II Co 5: 19). Mas ainda imploramos às pessoas em nome de Cristo: "Rogamo-vos, pois, da parte de Cristo, que vos reconcilieis com Deus" (II Co 5:20). Por quê? A reconciliação não existe de verdade a menos que ambas as partes entrem em um acordo.

6 Negar o que fizeram

Com isso, quero dizer reprimir o que eles fizeram. A repressão – suprimir o que sentimos – é quase sempre inconsciente. Algumas pessoas, por diversas razões, vivem uma "negação" – isto é, recusam-se a admitir ou encontrar uma forma de lidar com a realidade de uma situação ruim. Às vezes é doloroso encarar a realidade, e um caminho mais fácil (pensamos erroneamente) é negar que aquilo tenha acontecido.

A repressão é, quase sempre, uma coisa ruim de fazer, mas muitas vezes fazemos involuntariamente, porque a dor parece grande demais para nos darmos conta dela. E ainda assim não nos livramos realmente da dor: nós a empurramos para o "porão" de nosso subconsciente, mas ela surge no "sótão" de nossas vidas – como pressão alta, ansiedade, irritabilidade ou mesmo um ataque cardíaco.

Há muito abuso infantil que é reprimido. A pessoa não pode acreditar que um pai, um amigo ou parente de confiança faria uma coisa dessas, então vive uma negação – muitas vezes culpando a si mesma. As vítimas de estupro muitas vezes fazem a mesma coisa.

Não se alcança o perdão total reprimindo o que aconteceu. Somente é perdão verdadeiro e total quando lidamos com a realidade – "essa pessoa realmente fez ou disse isto" – e então perdoamos.

7 Cegueira ao que aconteceu

Algumas pessoas, especialmente aquelas de "consciência demasiado escrupulosa" (como alguns puritanos às vezes chamam), sentem que perdoar é ser intencional e conscientemente cego ao que alguém fez. Eles pensam que, sendo cegos à infração, estão, na verdade, perdoando a pessoa, mas, se virem a infração, estarão guardando um registro dos males. Eles sentem que é melhor, então, ser cegos ao fato – como se nunca tivesse acontecido. Mas isso tampouco é o perdão total.

A cegueira deliberada é ligeiramente diferente da repressão.

A cegueira é uma escolha consciente de fingir; a repressão é geralmente inconsciente e involuntária.

Ambas são erradas e podem ser psicologicamente prejudiciais, porque quando jogamos conosco dessa forma, ainda que o motivo possa ser perdoar, demoramos para encarar nossa responsabilidade. Em alguns casos, a mesma pessoa que pretendia perdoar explode um dia – tudo porque não estava sendo sincera consigo mesma – e todo mundo fica chocado. O perdão não é total até que você admita enxergar o que fizeram – e depois os liberte.

São Paulo disse que o amor não leva em conta o mal sofrido (I Co 13:5 – *CNBB*), mas ele não quis dizer que você deve ser cego a essas ofensas. Alguns pensam que uma maneira de perdoar é fingir que não houve ofensa. O termo grego *logizetai* quer dizer "contar" ou "imputar". Isso significa, essencialmente, que o amor não armazena a ofensa – isto é, a ofensa não vai para o nosso "computador mental" para entrar nas contas depois. Hoje nós diríamos: o amor não permite que uma ofensa seja computada, mas que há uma ofensa face a face com você, isso não se deve negar. Na verdade, a palavra grega traduzida como "ofensa" é *kakon*: mal. A ofensa – o mal – é reconhecida; não estamos cegos a ela; não somos obrigados a fingir que ela não aconteceu, não é isso que o perdão total significa.

Amor nunca é cego à mágoa. Se a pessoa que nos feriu é uma figura de autoridade, ou, digamos, conhecida como muito "devota", dizemos a nós mesmos, "Eu não vi isso; não ouvi isso; isso não poderia ter acontecido; portanto, não aconteceu". A verdade é que, às vezes, as pessoas que mais admiramos podem ser muito más e fazer coisas que ferem. Não há valor algum em fingirmos que não vimos.

8 Esquecer

Quando alguém diz que devemos "perdoar e esquecer", entendo o que querem dizer. Mas literalmente esquecer pode não ser realista; pode até ser impossível. Podemos, devido a um trauma profundo, esquecer temporariamente as coisas. Mas o único caminho de volta à sanidade é tentar nos lembrar de tudo – em detalhes.

O amor não apaga nossas memórias. Além disso, é uma

demonstração de grande graça quando estamos plenamente conscientes do que fizeram – e ainda escolhemos perdoar totalmente. Mágoas profundas não podem ser erradicadas como se nunca tivessem acontecido. A verdade é que elas aconteceram, sim. Não podemos esquecê-las facilmente. Certamente não devemos viver agarrados a elas, mas nem sempre é possível esquecê-las.

Mesmo Deus não esquece literalmente nossos pecados: ele opta por deixá-los passar. Ele sabe muito bem o que fizemos e do que ele nos perdoou – todos os detalhes sórdidos. Mas prefere não se lembrar, de modo que não os utiliza contra nós (Hb 8:12). É exatamente isso que *nós* devemos fazer: escolher não nos lembrarmos, embora talvez não esqueçamos.

9 Recusar-se a levar a ofensa a sério

Não podemos perdoar verdadeiramente até que vejamos aquilo que estamos perdoando, e qual a sua gravidade.

Alguns podem pensar que devem relevar uma ofensa sem pensar, ou fazê-la passar por algo insignificante ou sem consequências. Eles podem até pensar que isso é perdoar a ofensa, mas é apenas evitar o problema – possivelmente tentando tornar o perdão mais fácil. A maior vitória para aquele que realiza o perdão é enfrentar a gravidade – possivelmente uma maldade feita com desprezo – do que fizeram, e ainda perdoar.

É isso que Deus faz: não existe pecado grande demais para Deus perdoar. Mas ele também sabe exatamente aquilo que fizemos e aquilo que está perdoando. Ele não diz, "Calma, não é tão ruim. Posso limpar facilmente *esse* pecado". Não. Ele sabe o que fizemos, razão pela qual enviou seu Filho para morrer; ele não faz um pecado passar por algo sem consequência, mas, em vez disso, ele perdoa. Totalmente.

10 Fingir que não estamos magoados

É ridículo pensar que devemos manter um rosto impassível – quando fomos traídos, molestados, criticados injustamente ou magoados pela infidelidade de um cônjuge.

Deus contou a Davi quanto ele estava sentido com o adultério e o assassinato do rei: Deus não finge *não* estar magoado. Davi era um homem conforme o coração de Deus (I Sm 13:14) e, ainda assim, Deus foi implacavelmente imparcial com Davi. Ele ficou de fato muito triste.

Até mesmo Jesus ficou obviamente magoado quando um guarda do sumo sacerdote bateu-lhe no rosto. Foi por isso que ele perguntou: "Por que me feres?" (João 18:23). Afinal, Jesus suportou a cruz e desprezou (não negou) a vergonha (Hb 12:2).

O que o perdão total é

1 Estar ciente do que alguém fez e ainda perdoá-lo

Como vimos anteriormente, o perdão total não é ficar alheio ao que alguém fez, nem encobrir esse alguém, nem desculpá-lo, nem se recusar a ver exatamente o que estava errado. Isso é viver uma negação, como algumas pessoas fazem durante um momento de dor, quando um ente querido morre. Cedo ou tarde, elas devem encontrar uma forma de lidar com a realidade. Como eu disse, a repressão quase nunca é uma coisa boa. De qualquer forma, não é vitória espiritual alguma pensar que estamos perdoando as pessoas quando estamos apenas evitando enfrentar sua ofensa. Só o que conseguimos assim é evitar o verdadeiro perdão. É como se estivéssemos dizendo a nós mesmos, "Quero perdoar, mas acho que não consigo se de fato essa pessoa realmente fez o que parece ter feito". Então adiamos reconhecer o que realmente fizeram, para evitarmos experimentar a dor de deixar que sigam como se nada tivesse acontecido.

O perdão total é satisfeito somente quando sabemos o que alguém fez, sem qualquer negação ou encobrimento à pessoa – e ainda assim nos recusamos a fazer ou deixar que ela pague. É uma vitória maravilhosa quando perdoamos dessa forma, mas não é vitória alguma se não estivermos plenamente conscientes do mal que optamos por perdoar.

O perdão total é doloroso. Dói quando dizemos adeus à vingança. Dói pensar naquela pessoa se safando, tendo feito o que fez, sem que ninguém ficasse sabendo. Mas quando sei perfeitamente o que ela fez, e aceito em meu coração que seja abençoada sem quaisquer consequências por suas ofensas, estou entrando no sobrenatural. Isso significa que comecei a ser um pouquinho como Jesus.

2 Não guardar registro das ofensas é uma escolha

O amor "não leva em conta o mal sofrido" (I Co 13:5 – *CNBB*). Por que guardamos registros? Para usá-los. Para provar o que aconteceu. Para exibir diante de alguém que venha a duvidar do que realmente aconteceu.

Um marido pode dizer a sua esposa, em um momento de raiva: "Vou me lembrar disso". E ele se lembra! Ela talvez lhe diga: "Nunca vou esquecer isso". E não esquece! Assim, muitos casamentos poderiam ser curados do dia para a noite se as partes parassem de se acusar. O costume de acusar – um problema comum na história da humanidade (Is 58: 9) – mostra que a pessoa guardou o registro do mal sofrido.

O amor é uma escolha. O perdão total é uma escolha. Não é um sentimento – no início –, mas um ato de vontade. É a escolha de rasgar os registros de ofensas. Como observamos antes, vemos claramente o mal que foi feito, mas o apagamos – ou destruímos seu registro – antes que ele se aloje no coração. Dessa forma, o ressentimento, não tem chance de crescer. Mas ao dizer "Vou me lembrar disso" quando somos feridos ou caluniados, neste momento fertilizamos o solo para um ressentimento permanente.

Quando desenvolvemos um estilo de vida de perdão total, aprendemos a apagar a ofensa em vez de arquivá-la em nosso computador mental. Quando fazemos isso o tempo todo – o que chamo de estilo de vida –, não apenas evitamos o ressentimento, mas experimentamos o perdão total como sentimento. Inicialmente, não é um sentimento; a princípio, é uma escolha dolorosa. Mas depois nós o sentimos – e é um sentimento bom.

3 Recusar-se a punir

Essa é a essência do perdão total. É quando renunciamos ao desejo natural de ver o infrator receber o que merece. Por natureza, não conseguimos suportar a ideia de que as pessoas tenham se safado com o que fizeram; parece tão injusto. Portanto, queremos vingança – ou seja, o justo castigo. O receio de que as pessoas não sejam punidas é o oposto do amor perfeito. É por isso que João disse: "No amor não há temor, antes o perfeito amor lança fora o temor;

porque o temor tem consigo a pena, e o que teme não é perfeito em amor" (I João 4:18)

Quando o amor perfeito – o amor de Jesus e fruto do Espírito Santo – entra, o desejo de que nosso inimigo seja punido vai embora. Quando o desejo de que alguém seja punido consegue entrar, a unção do Espírito acaba.

Portanto, o perdão total é recusar-se a punir. É recusar-se a se esconder no medo de que aquela pessoa ou aquelas pessoas não ganhem seu castigo – a punição ou repreensão que achamos que são merecidas.

Faz tempo que fico intrigado com a frase da *New International Version** que diz que o medo "tem a ver com a punição" (I João 4:18). Isso significa muitas coisas, mas, em parte, significa o nosso medo de que Deus não intervenha e imponha a justa recompensa. Mas se alguém ceder a esse medo, então entra no território de Deus, e ele não gosta disso – a vingança é prerrogativa de Deus, e somente de Deus. Deuteronômio 32:35 – "Minha é a vingança, eu retribuirei!" – é citado duas vezes no Novo Testamento (Rm 12:19; Hb 10: 30). Vingança é o que Deus faz melhor. Ele não quer nossa ajuda. Então, quando nos recusamos a punir – e Deus gosta disso – isso o libera para decidir o que deve ser feito. Mas se, com nossas manobras, invadimos sua especialidade, ele bem pode nos deixar fazê-lo, mas não será feita nem a vingança divina, nem a verdadeira justiça – apenas nosso rancor pessoal.

Por isso, é importante que nós nos examinemos dentro dessa área. Devemos nos perguntar: quanto do que estou prestes a dizer ou fazer não é senão uma tentativa de punir? Se for, entristecemos o Espírito Santo por mais que nosso lado tenha razão.

4 Não contar o que fizeram

Como já disse antes, talvez haja a necessidade de contar a alguém sobre sua própria dor, e isso pode ser terapêutico. Mas você deve contar talvez a apenas *uma* pessoa, e ter certeza de que essa pessoa nunca vai repetir o que foi dito.

Contar a uma pessoa com o objetivo de ferir a reputação ou a credibilidade de outra não é senão querer puni-la.

* N. do T.: Tradução contemporânea da Bíblia em língua inglesa bastante difundida.

É por isso que costumamos contar aos outros – não tanto por razões terapêuticas, mas para impedir que nosso inimigo seja admirado. Eu digo o que aquela pessoa fez para que você tenha uma impressão ainda pior dela. É a minha tentativa de punir – a qual está usurpando o campo de ação de Deus.

Mas quando me lembro de que o perdão total é perdoar os outros assim como eu mesmo fui perdoado, isso significa que: (1) não vou ser punido por meus pecados; e (2) ninguém vai saber dos meus pecados, pois os pecados sob o sangue de Cristo não serão expostos ou utilizados contra mim. Portanto, quando deixo vazar "o que fizeram comigo", aparentemente estou esquecendo que Deus não vai contar o que fiz contra ele. Ele me perdoou e não contará a ninguém. Portanto, quando saio contando sobre meu inimigo, não estou apenas mostrando desprezo por meu próprio perdão, mas eu estou tentando puni-lo também – do que Deus não gosta nem um pouco.

Sei que já disse que podemos compartilhar com outra pessoa, por razões terapêuticas, a ofensa que sofremos, e acredito que minha conversa com Josif Tson naquele dia cai nesta categoria. Não há dúvida de que ela contribuiu para o bem (Rm 8: 28). E, no entanto, o engraçado é que, se na época eu tivesse a luz e o conhecimento que hoje tenho sobre este assunto, nunca teria dito a Josif, para começar. Você pode querer dizer que alguns estão em melhor situação por causa de minha história (eu a contei ao redor do mundo inteiro) – o que também é a razão de este livro ter surgido –, e eu teria de concordar. Mas aprendi com isso, e não foram poucos os episódios, desde então, nos quais eu poderia ficar tentado a partilhar com alguém, mas sei que não devo. Se você compartilhar sua mágoa com alguém, eu lhe pediria que tivesse bastante certeza de não estar fazendo isso para punir o "infrator", sujando a imagem dele:

> Quem rouba a minha bolsa, rouba um lixo;
> Foi minha, agora é dele, e já foi de milhares.
> Mas aquele que lesa meu bom nome
> Rouba-me o que não o enriquece,
> E me torna verdadeiramente pobre.
>
> De *Otelo*, William Shakespeare

5 Ser misericordioso

"Bem-aventurados os misericordiosos, porque alcançarão misericórdia" (Mt 5:7). Há um sentido no qual a Bíblia diz, basicamente, duas coisas sobre Deus: (1) que ele é misericordioso; e (2) que ele é justo. O coração do evangelho está relacionado a essas duas características de Deus. A maior pergunta que podemos fazer quando se trata do evangelho de Cristo é: como Deus pode ser justo e misericordioso ao mesmo tempo? Com "misericordioso", o evangelho quer dizer que Deus não quer nos punir; com "justo", quer dizer que Ele deve nos castigar, porque pecamos contra Ele. Assim, como Ele pode ser ao mesmo tempo as duas coisas? Resposta: ele enviou o seu Filho Jesus Cristo – o Deus-homem – que morreu na cruz por nós. "Como ovelhas estávamos todos perdidos, cada qual ia em frente por seu caminho. Foi então que o SENHOR fez cair sobre ele o peso dos pecados de todos nós" (Is 53:6). Como Deus puniu Jesus pelo que fizemos, ele agora pode ser fiel a si mesmo e ainda ser verdadeiramente misericordioso conosco. Esse é o coração do evangelho.

Mas quando nos dizem que devemos nos mirar no exemplo divino, isso não implica que podemos ser como Deus em todos os sentidos. Afinal, Deus é onipotente (todo-poderoso) e não é exigido que o sejamos. Ele é onipresente (presente em toda parte) e isso nós nunca poderemos ser: o mesmo vale para a realização de castigos – isso pertence somente a Deus, como devemos enfatizar continuamente, e nunca, nunca subestimar.

Quando se trata de ser misericordioso, isso é um comando de Nosso Senhor: "Sede, pois, misericordiosos, como também vosso Pai é misericordioso" (Lc 6:36). Em língua grega, isso é o oposto da ira ou da justiça. Ser misericordioso não é prover justiça, mas o contrário. Uma diferença entre graça e misericórdia é que a graça é receber o que *não* merecemos (favor) e misericórdia é não receber *o que* merecemos (justiça). Então, quando mostramos misericórdia, estamos contendo a justiça para com aqueles que nos fizeram mal. Isso é espelhar-se no exemplo divino.

Se mostrarmos misericórdia, existe aí um benefício adicional para nós: seremos *tratados com misericórdia*. Isso mostra que o perdão total não é desprovido de um elemento de interesse próprio: "Faz bem a sua alma quem é misericordioso" (Pv 11: 17 – *Bíblia KJV**).

6 Benevolência

Isso é graça e misericórdia ao mesmo tempo. Há uma interessante palavra grega, *erikes*, que significa "indulgência" ou "tolerância". Ela vem de uma raiz que significa o oposto de ser excessivamente rigoroso. Na literatura helenística, Aristóteles a contrastou com a severidade no julgar. A ideia era: não tome uma posição rigorosa mesmo que você esteja claramente com a razão.

Em Filipenses 4:5 é traduzida como "equidade" ("moderação", na *Bíblia KJV*). Nós a resumimos, em nossa língua, no termo "benevolência". É uma qualidade raríssima. Uma palavra que bate de frente com um espírito legalista (que parece ser natural a muitos de nós). É um conceito muito ameaçador àqueles que não toleram gente limitada, que sentem que ser inflexível pela verdade é suprema virtude. Paulo usou a palavra *erikes* no contexto de uma disputa familiar em Filipos entre Evódia e Síntique: "Rogo a Evódia, e rogo a Síntique, que sintam o mesmo no Senhor" (Fl 4:2). Se ao menos cada uma delas fosse benevolente. Ambas tinham personalidades fortes, cada uma provavelmente tinha apoiadores; cada lado tinha certeza tamanha de estar com a razão. Cada uma queria prejudicar a imagem da outra. "Experimentem a benevolência", diz São Paulo. É uma virtude incomum.

É uma palavra que descreve Jesus o tempo todo. Quando um grupo de líderes religiosos farisaicos levou a Jesus uma mulher encontrada em ato de adultério, não havia dúvida de que o pecado havia ocorrido. Mas qual foi a atitude de Nosso Senhor? Benevolência. Eles queriam ver se ele seria rigoroso com a mulher. "E, como insistissem, perguntando-lhe, endireitou-se, e disse-lhes: 'Aquele que de entre vós está sem pecado seja o primeiro que atire pedra contra ela'" (João 8:7). Um por um, os acusadores debandaram. "E, endireitando-se Jesus, e não vendo ninguém mais do que a mulher, disse-lhe: 'Mulher, onde

*N. do T.: KJV ou King James Version (em português versão do rei Jaime ou Tiago) é uma tradução inglesa da Bíblia cuja primeira publicação data do século XVII e ainda hoje é muito respeitada.

estão aqueles teus acusadores? Ninguém te condenou?'. E ela disse: 'Ninguém, Senhor'. E disse-lhe Jesus: 'Nem eu também te condeno; vai-te, e não peques mais.'" (João 8:10-11). Neste caso, a questão não era mais se houvera ofensa ou não. Mas a atitude de Nosso Senhor foi benevolente.

A benevolência não é a forma pela qual se ganham eleições presidenciais. Em 1988, o diretor da campanha do ex-presidente dos Estados Unidos George Bush alegou dois fatos: (1) os candidatos com altos índices de rejeição nas pesquisas de opinião – acima de 35% – perdem; e (2) avaliações negativas são muito mais fáceis de criar do que as positivas. Em outras palavras, para ganhar, não basta ter uma boa imagem; você deve fazer com que seu adversário tenha uma imagem ruim. Funciona.

Mas a benevolência é reter consigo certos fatos que você sabe que são verdadeiros. Ela se demonstra pelo que você *não* diz, embora o que você pudesse dizer talvez fosse até verdade. Pessoas hipócritas acham quase impossível ser benevolentes; elas sempre alegam estar em busca da "verdade".

O perdão total é a benevolência que, às vezes, significa fazer vista grossa à verdade, e não deixar parecer que você sabe de algo que pode prejudicar uma pessoa de alguma forma.

7 É uma condição interna

O perdão total deve ocorrer no coração, pois, de outra forma, é inútil. "Pois do que há em abundância no coração, disso fala a boca" (Mt 12:34). Se não tivermos verdadeiramente perdoado em nosso coração aqueles que nos magoaram, isso transbordará – mais cedo ou mais tarde. Mas se o perdão ocorreu de fato no coração, nossas palavras o mostrarão. Quando há ressentimento, ele acabará por se manifestar; quando há amor, a pessoa "não corre o perigo de tropeçar" (I João 2:10 – *CNBB*), mesmo em suas palavras.

É por essa razão que a reconciliação nem sempre é essencial ao perdão total. Se ele acontece no coração, não é preciso saber se o inimigo se reconciliará conosco ou não. Se eu o tiver perdoado no fundo de meu coração, e ele não quiser falar comigo, ainda posso ter a vitória interior. É verdade que é muito mais fácil perdoar quando sabemos que aqueles que nos caluniaram ou nos traíram sentem muito, mas se eu precisar disso para poder perdoar, posso nunca alcançar uma vitória.

Se alguém me disser que não sou obrigado a perdoar a menos que a outra pessoa se arrependa primeiro e peça desculpas, então respondo: o exemplo de Jesus na cruz é suficiente para mim. Jesus disse: "Pai, perdoa-lhes, porque não sabem o que fazem" (Lucas 23:34). "E, repartindo as suas vestes, lançaram sortes" (Lucas 23:34). Se tivesse esperado até que eles sentissem alguma culpa ou vergonha por suas palavras e ações, Jesus nunca os teria perdoado.

Em minha experiência, a maioria das pessoas que devemos perdoar não acredita ter feito nada de errado; ou, se fez, foi justificável. Eu diria até que 90% (no mínimo) de todas as pessoas que já tive de perdoar ficariam indignadas à ideia de que haviam feito algo errado. Se você as colocasse em um detector de mentiras, elas poderiam dizer honestamente que não fizeram nada – e passariam no teste com louvor.

O perdão total, portanto, deve ocorrer no coração; e se for uma experiência genuína, não vou ficar arrasado se não houver reconciliação. Pois se aqueles que me feriram não quiserem fazer as pazes, isso não é problema meu, quando já os perdoei totalmente. É por isso que uma pessoa pode alcançar a vitória interior, mesmo no caso de perdoar alguém que já morreu. "Amados, se o nosso coração não nos condena, temos confiança para com Deus" (I João 3:21). A confiança diante de Deus é, em última análise, a grande questão do perdão total; é a Ele, no fim das contas, que quero agradar. Ele se importa e sabe se eu perdoei verdadeira e totalmente; e quando sei que tenho seu amor e sua aprovação, sou um feliz e satisfeito servo de Cristo.

8 É a ausência de ressentimento

O ressentimento é uma condição interna. É um desejo excessivo de vingança que vem do rancor profundo. Ele encabeça a lista das coisas que entristecem o Espírito de Deus (Ef 4:30). Tornou-se a grande preocupação de Esaú (Gn 27:41) e é uma das causas mais frequentes de as pessoas perderem a graça de Deus; "Tendo cuidado de que ninguém se prive da graça de Deus, e de que nenhuma raiz de amargura, brotando, vos perturbe, e por ela muitos se contaminem" (Hb 12:15). O ressentimento se manifesta de muitas formas – perder a calma, pressão alta, irritabilidade, insônia, obsessão por ir à forra, depressão, isolamento, perspectiva negativa constante e mal-estar generalizado.

Portanto, é por dentro que devemos começar a nos livrar de um espírito amargo e implacável, pois, de outra forma, a tentativa de perdoar falhará. É verdade que fazer a coisa certa, mesmo que você tenha muita vontade, pode levar ao sentimento certo. Mas o próprio ato de fazer o certo, ou tentar, mostra que o ressentimento não é tão profundo quanto poderia ser. Em outras palavras, mesmo quando estamos ressentidos, mas começamos a aplicar o princípio do perdão total em ações (veja o Capítulo 2), isso mostra que não estamos totalmente sob o controle do ressentimento – de outra forma não começaríamos a fazer o que é certo.

A ausência de ressentimento permite que o Espírito Santo seja ele mesmo em nós. Isso significa que serei bastante semelhante a Jesus. Quando o Espírito se entristece, fico entregue a mim mesmo, o que significa que vou me debater com emoções que vão da raiva ao medo; mas quando o Espírito Santo é desentristecido, ele está em casa dentro de mim – ele será tudo o que quiser em mim. Serei capaz de pensar claramente e manifestar a bondade do Espírito, mas o ressentimento em mim afasta a Pomba. Um nível elevado de ressentimento é praticamente uma garantia de não se ter paz de espírito, mas livrar-se dele é um convite aberto para que o Espírito Santo lhe dê a sua paz, alegria e conhecimento de sua vontade.

Isso é extremamente importante quando se trata de reconciliação. Digamos, por exemplo, que seu melhor amigo tenha tido um caso com sua mulher. Você deve perdoá-lo? Sim, mas isso não significa que vocês continuarão a ser amigos íntimos. Se eu perdoo totalmente a pessoa que me magoou – isto é, não tenho mais ressentimentos –, não preciso sentir a menor culpa ou vergonha por não querer uma recuperação completa daquele relacionamento. Ou, mesmo, se nunca houve uma amizade, mas alguém quiser me destruir, eu preciso perdoá-lo por completo – e considerar absolutamente razoável que eu não queira almoçar com ele todos os domingos.

O fator essencial é, então, que não deve haver nenhum vestígio de ressentimento. Mas como posso saber se não ficou algum ressentimento? Eu responderia: (1) quando não há desejo de se vingar ou de punir a pessoa; (2) quando não faço nem digo nada que possa prejudicar sua reputação ou futuro; e (3) quando realmente lhe desejo o bem em tudo o que ela quiser fazer.

9 Perdoar a Deus

Embora muitas vezes não o enxerguemos de início – e para alguns isso leva muito tempo –, todo o nosso ressentimento pode ser rastreado até sua origem em nossa raiva para com Deus. Pode ser uma raiva inconsciente – há gente boa que ficaria horrorizada diante da ideia de que tem ressentimento com relação a Deus. Mas reprimimos isso também; tal conhecimento é muito doloroso para se admitir. A verdade é que nosso ressentimento é muitas vezes apontado para Deus.

Por quê? Porque ele permitiu que acontecessem coisas ruins. Uma vez que Ele é todo-poderoso e onisciente, poderia ter evitado que essas coisas acontecessem. Ele permitiu que sofrêssemos quando não fizemos nada, até onde sabemos, para justificar um tratamento tão ruim. Portanto, o que pensamos, em última análise, é que Deus é o culpado de nossa dor.

Somente um tolo afirmaria saber a resposta completa à pergunta "Por que Deus permite que o mal e o sofrimento continuem, quando ele tem o poder de detê-los?". Mas há uma resposta parcial, ou seja, para que possamos acreditar nisso. Não haveria necessidade de fé se soubéssemos a resposta sobre a origem do mal e a razão do sofrimento. Só sei que é isso que torna a fé possível. E sei de uma outra coisa: "Sabemos que tudo contribui para o bem daqueles que amam a Deus, daqueles que são chamados segundo o seu desígnio" (Rm 8:28 – *Bíblia KJV*). Deus transforma o mal em bem. Ele faz com que as coisas contribuam para o bem. Deus não enviou seu Filho ao mundo para explicar o mal, mas, sim, para nos salvar e para exemplificar o sofrimento. Jesus, que foi e é o Deus-homem, sofreu como ninguém mais. Um dia, Deus limpará seu nome da acusação de ser injusto. Até lá, precisamos confiar nele e acreditar em sua palavra de que Ele é justo e misericordioso.

Quanto a todas as coisas infelizes que ele permitiu que acontecessem comigo, afirmo sua justiça. Ele é Deus. Ele sabe exatamente o que está fazendo e por quê; ele sabe por que permite que ocorram coisas que poderia ter impedido.

Para aqueles que se debatem com o direito de Deus de permitir o mal – e todos nós já fizemos isto – ainda deve haver um perdão genuíno de nossa parte, pois qualquer ressentimento entristece o Espírito. Portanto, devemos perdoá-lo – não porque ele seja culpado, mas por permitir que o mal toque nossas vidas. Mas se baixarmos nossas vozes e esperarmos pacientemente que os propósitos de Deus se cumpram, então um dia – e isso é uma garantia – diremos que ele fez bem todas as coisas; mesmo aquelas que ele permitiu. Para começar, ele nunca foi culpado, mas como às vezes nos parece ter sido injusto, precisamos libertá-lo para que possa efetivamente avançar em nossas vidas.

10 Perdoar a nós mesmos

O perdão total significa, então, perdoar as pessoas – totalmente – e também perdoar a Deus. Mas também significa perdoar a nós mesmos – totalmente.

É uma queixa comum que qualquer líder da Igreja ouve: "Eu sei que Deus me perdoa, mas eu não consigo me perdoar". Isso é tão importante que voltaremos a este ponto mais à frente. Agora devo dizer: não há alegria duradoura no perdão se ele não inclui perdoar a mim mesmo. É qualquer coisa, menos perdão total, se perdoarmos Deus e aqueles que nos feriram, *mas* formos incapazes de perdoar a nós mesmos. É tão errado quanto não perdoar os outros, porque Deus nos ama tanto quanto ama os outros, e fica tão infeliz quando não perdoamos a nós mesmos como quando temos rancor contra os outros. Em uma palavra: somos importantes para Deus. Ele quer nossa alegria. Ele não apenas quer que perdoemos a nós mesmos, mas o quer urgentemente.

Esse perdão traz tanta alegria e satisfação que temos a tentação de chamá-lo de empreitada egoísta. Como vimos, as mais amplas pesquisas que ocorrem hoje em dia já concluíram esmagadoramente que a primeira pessoa a experimentar prazer quando ocorre o perdão é a pessoa que perdoa.

Rezo para que o que foi escrito e o que vem a seguir desafie e motive você, mais do que nunca, a perdoar aqueles que lhe causaram mágoas, a perdoar o Deus que deixa que isso aconteça, e a perdoar a si mesmo – totalmente.

CAPÍTULO

2

Como saber se perdoamos alguém totalmente?

Então José não se podia conter diante de todos os que estavam com ele; e clamou: Fazei sair daqui a todo o homem; e ninguém ficou com ele, quando José se deu a conhecer a seus irmãos. E levantou a sua voz com choro, de maneira que os egípcios o ouviram, e a casa de Faraó o ouviu. E disse José a seus irmãos: Eu sou José; vive ainda meu pai? E seus irmãos não lhe puderam responder, porque estavam pasmados diante da sua face. E disse José a seus irmãos: Peço-vos, chegai-vos a mim. E chegaram-se; então disse ele: Eu sou José vosso irmão, a quem vendestes para o Egito. Agora, pois, não vos entristeçais, nem vos pese aos vossos olhos por me haverdes vendido para cá; porque para conservação da vida, Deus me enviou adiante de vós. Assim não fostes vós que me enviastes para cá, senão Deus, que me tem posto por pai de Faraó, e por senhor de toda a sua casa, e como regente em toda a terra do Egito. Apressai-vos, e subi a meu pai, e dizei-lhe: Assim tem dito o teu filho José: Deus me tem posto por senhor em toda a terra do Egito; desce a mim, e não te demores; E habitarás na terra de Gósen, e estarás perto de mim, tu e os teus filhos, e os filhos dos teus filhos, e as tuas ovelhas, e as tuas vacas, e tudo o que tens. E ali te sustentarei, porque ainda haverá cinco anos de fome, para que não pereças de pobreza, tu e tua casa, e tudo o que tens. E eis que vossos olhos, e os olhos de meu irmão Benjamim, veem que é minha boca que vos fala. E fazei saber a meu pai toda a minha glória no Egito, e tudo o que tendes visto, e apressai-vos a fazer descer meu pai para cá. E lançou-se ao pescoço de Benjamim seu irmão, e chorou; e Benjamim chorou também ao seu pescoço. E beijou a todos os seus irmãos, e chorou sobre eles; e depois seus irmãos falaram com ele.

Gênesis 45:1-15

Depois que minha vida foi mudada por aceitar o conselho de Josif Tson, comecei a pregar a mensagem do perdão total em uma série de lugares diferentes. Mas começaram a vir até mim pessoas com esta pergunta: "Como sei se perdoei totalmente?". Eles às vezes diziam: "Acho que perdoei, mas não tenho certeza se perdoei mesmo".

A verdade é que eu não sabia como responder a elas. Eu mesmo comecei a me perguntar se havia de fato perdoado totalmente aqueles que me haviam ferido tanto. Comecei a procurar uma forma de descobrir.

Encontrei-a – de modo inesperado. Comecei a pregar sobre a vida de José (Gn 37-50) em junho de 1982. Lembro-me bem da data porque esta série de sermões começou na noite do primeiro domingo de junho, imediatamente após Arthur Blessitt ter pregado para mim em cinco noites de domingo seguidas, em maio de 1982. Esse é o homem que carregou a cruz ao redor do globo, e detém o recorde de caminhada mais longa do mundo, conforme o *Guiness Book*. Eu o convidei para pregar para nós na Capela de Westminster. Ele nos virou de cabeça para baixo! Foi quando começamos a cantar músicas de adoração (em vez de apenas os hinos tradicionais), e também quando começamos nosso Ministério da Luz-Piloto (dando nosso testemunho nas ruas entre Vitória e o Palácio de Buckingham, em Londres, nas manhãs de sábado), e quando começamos a convidar pessoas a confessar Cristo publicamente após os cultos das noites de domingo. Na primeira dessas noites, em 1982, fiz meu primeiro apelo para que as pessoas viessem à frente, para falar após o culto: vieram sete. Esse foi também o meu primeiro sermão sobre a vida de José. Os sermões também constituem meu livro chamado *God meant it for Good*.

Em Gênesis 45, temos o relato de José revelando sua identidade a seus irmãos. É nestes versículos que encontramos um referencial de busca interior pelo qual podemos saber se perdoamos totalmente as pessoas. Até me deparar com este capítulo nessa série, eu não tinha certeza quando tentava explicar se tínhamos perdoado verdadeira e totalmente as pessoas. Mas aqui temos uma indicação muito clara, porque é exatamente isso que José teve de fazer, e fez: perdoar totalmente seus irmãos.

José e o perdão total

Eis o pano de fundo: 22 anos antes, os irmãos de José haviam conspirado para matá-lo porque sentiam inveja dele. Ele era o filho preferido de seu pai Jacó. Jacó havia feito um manto ricamente ornamentado ("manto de muitas cores", na *Bíblia KJV*) com o qual José, o arrogante adolescente de dezessete anos, desfilava pelas redondezas. Ainda por cima, José contava aos irmãos sonhos que tivera e que indicavam que seus onze irmãos viriam, um dia, implorar algo a ele. José não mostrou nenhuma sensibilidade ou humildade:

> E disse-lhes: Ouvi, peço-vos, este sonho, que tenho sonhado: Eis que estávamos atando molhos no meio do campo, e eis que o meu molho se levantava, e também ficava em pé, e eis que os vossos molhos o rodeavam, e se inclinavam ao meu molho. Então lhe disseram seus irmãos: Tu, pois, deveras reinarás sobre nós? Tu deveras terás domínio sobre nós? Por isso ainda mais o odiavam por seus sonhos e por suas palavras. E teve José outro sonho, e o contou a seus irmãos, e disse: Eis que tive ainda outro sonho; e eis que o sol, e a lua, e onze estrelas se inclinavam a mim.
>
> (Gn 37:6 – 9)

Não é preciso ser Sigmund Freud para interpretar esses sonhos! E, no entanto, os sonhos vinham de Deus. Não havia nada de errado com o dom de José – que tinha a ver com sonhos –, mas havia muita coisa errada com José. A mão de Deus estava de fato em José, porém esse jovem precisava de um bocado de corretivos. Deus permitiu que os irmãos de José cuidassem do assunto sem piedade. Mas, em vez de matá-lo, eles escolheram o "plano B" – vendê-lo como escravo para os ismaelitas. Fizeram isso esperando nunca mais vê-lo de novo.

Depois, os irmãos elaboraram um engenhoso disfarce para encobrir o fato.

Molharam em sangue de cabra o manto ricamente ornamentado e, em seguida, levaram-no a seu pai Jacó. Para enganá-lo, disseram a ele: "Temos achado esta túnica; conhece agora se esta será ou não a túnica de teu filho" (Gn 37:32). O plano funcionou:

> E conheceu-a, e disse: É a túnica de meu filho; uma fera o comeu; certamente José foi despedaçado. Então Jacó rasgou as suas vestes, pôs saco sobre os seus lombos e lamentou a seu filho muitos dias. E levantaram-se todos os seus filhos e todas as suas filhas, para o consolarem; recusou porém ser consolado, e disse: Porquanto com choro hei de descer ao meu filho até a sepultura. Assim o chorou seu pai.
>
> (Gn 37:33-5)

Mas Deus estava com José. Ele começou a trabalhar na casa de um funcionário egípcio cujo nome era Potifar – a quem os ismaelitas haviam vendido José. Ele era tão apreciado ali que foi nomeado administrador de toda a casa. Mas, algum tempo depois, a mulher de Potifar começou a flertar com José, que é descrito como robusto e bonito. "Dorme comigo!", ela pediu; José recusou. "O inferno não tem fúria igual à de uma mulher desprezada", disse Victor Hugo. Depois de rejeitá-la várias vezes, ela decidiu acusar José de estupro. O que aconteceu, então, foi que Potifar colocou José na prisão. Em outras palavras, por fazer a coisa certa, José foi punido! Mas Pedro disse:

> Porque é coisa agradável, que alguém, por causa da consciência para com Deus, sofra agravos, padecendo injustamente. Porque, que glória será essa, se, pecando, sois esbofeteados e sofreis? Mas se, fazendo o bem, sois afligidos e o sofreis, isso é agradável a Deus.
>
> (I Pe 2:19- 20)

Este foi o início de uma época de preparação para José – não que ele soubesse disso. No entanto, Deus tinha grandes planos para José. O dr. Lloyd-Jones costumava me dizer:

"A pior coisa que pode acontecer a um homem é ter êxito antes de estar pronto". Deus quis garantir que José não saísse da prisão ou embarcasse na próxima fase da obra de sua vida até que estivesse pronto. "Porque o Senhor corrige o que ama, e açoita a qualquer que recebe por filho" (Hb 12:6).

José tinha muito com que ficar ressentido. Primeiro, o que os irmãos haviam feito com ele. É verdade, José os deixou com inveja, e não era um sujeito muito *humilde* – ele era até mesmo mexeriqueiro (Gn 37:2). Mas tramar para assassiná-lo, ou vendê-lo aos ismaelitas, e esperar nunca mais vê-lo foi um ato perverso e mau. Segundo, José foi falsamente acusado. Em vez de dormir com a mulher de Potifar, ele resistiu à tentação. Todos gostamos de pensar que Deus há de nos abençoar quando somos fiéis e obedientes a sua palavra, mas o agradecimento que José recebeu foi a prisão. Em terceiro lugar, Deus permitiu tudo isso. Para resistir às insinuações da mulher de Potifar, o raciocínio de José era a lealdade a Deus – "Como poderia eu fazer tamanha maldade pecando contra Deus!", ele explicou a ela (Gn 39:9). Muita gente que conheço tem medo de ter um caso, mas por uma razão: o medo de ser pego. Ora, José estava no Egito, onde ninguém o conhecia (e sua família lá em Canaã nunca saberia) e a mulher de Potifar certamente não sairia contando! Mas José foi fiel porque não queria desagradar a Deus – e agora Deus permite que José vá para a prisão por algo que ele não fez.

Muito com que ficar ressentido, portanto, e muitos a perdoar: os seus irmãos, a mulher de Potifar, que mentiu, e a Deus, que deixou tudo acontecer.

Depois de algum tempo, porém, José teve companhia na prisão – o copeiro e o padeiro do Faraó. Cada um deles teve um sonho. José se ofereceu para interpretá-los – e acertou: Infelizmente, ele previu que o padeiro seria enforcado em três dias (o que aconteceu), mas que o copeiro conseguiria seu emprego de volta em três dias (e ele conseguiu). Até aqui, tudo bem.

Mas uma tentação grande demais – assim parecia – foi entregue a José em uma bandeja de prata. Nem bem havia terminado de contar ao copeiro que ele recuperaria o apreço do Faraó, José também se envolveu em suas palavras proféticas:

"Porém lembra-te de mim, quando te for bem; e rogo-te que uses comigo de compaixão, e que faças menção de mim a Faraó, e faze-me sair desta casa. Porque, de fato, fui roubado da terra dos hebreus; e tampouco aqui nada tenho feito para que me pusessem nesta cova" (Gn 40:14-15).

A maioria de nós teria dito a mesma coisa, mas Deus tinha planos tão especiais para José que não haveria promoção senão a que poderia ser explicada em termos do que somente Deus poderia fazer. Em outras palavras, Deus queria José fora da prisão, tanto quanto José queria sair. Se o copeiro simplesmente falasse bem de José e ele fosse libertado da prisão, isso teria sido um alívio – mas muito aquém daquilo que Deus tinha em mente desde o início. Isso mostra que os atrasos podem ser parte do propósito de Deus; uma oração aparentemente não atendida pode fazer parte da vontade de Deus tanto quanto uma oração atendida.

A verdade é que José precisava ser livrado do ressentimento e da autopiedade, e isto ainda não havia acontecido. Como sabemos? Primeiro, em I Coríntios 13:5, o mesmo versículo que diz que o amor "não leva em conta o mal sofrido" (I Co 13:5 – *CNBB*), diz que o amor "não é interesseiro" (I Co 13:5 – *CNBB*). Isto significa que não vamos brincar de manipular quando se trata de promover a nós mesmos; devemos deixar que Deus faça isso. José estava, em segundo lugar, ainda cheio de autopiedade. Ele diz isso: "Nada tenho feito para que me pusessem nesta cova" (Gn 40:15). A autopiedade e a hipocrisia – pecados gêmeos – são apagados quando estamos preparados para perdoar totalmente e não guardar nenhum registro dos males. Em uma palavra, José – naquele momento – ainda não havia perdoado seus irmãos, a mulher de Potifar, ou a Deus.

José não teria se esquecido de seus sonhos. Ele sabia que um dia – por algum motivo – seus irmãos viriam implorando a ele.

Eles vieram – mas, quando isso aconteceu, José era um homem mudado. Sem ressentimento. Sem rancores. Nada. Algo havia acontecido com ele durante os dois anos seguintes. Como sabemos? Ora, olhe para ele, ouça o que ele diz! Ele perdoou total e maravilhosamente a todos eles, considerando que ele provavelmente costumava fantasiar sobre o dia em que eles viriam rogar a ele, ansiando pelo dia em que poderia ver o cumprimento dos velhos sonhos e dizer-lhes: "Peguei vocês!". E então acusá-los de tudo o que fosse possível. Mas não. Ele carinhosamente os acolheu e os perdoou com lágrimas.

O que aconteceu foi isso. Dois anos antes, o próprio faraó teve um sonho – dois sonhos, na verdade. Ninguém conseguia interpretá-los – nem mesmo seus magos e astrólogos, que eram pagos para esse tipo de coisa, conseguiam entendê-los. O copeiro ouviu a agitação, lembrou-se e recomendou José. De repente, José foi trazido diante do faraó. Ele interpretou os sonhos: haverá sete anos de fartura de alimentos, seguidos de sete anos de fome. José disse que o faraó deveria estocar o alimento durante os primeiros sete anos, de modo que houvesse alimento durante os demais sete anos – não apenas para o Egito, mas também para os países ao redor, que teriam de vir ao Egito implorando por comida.

O faraó ficou tão impressionado que nomeou José primeiro-ministro do Egito ali mesmo! No entanto, foi Deus quem fez tudo. Ele usou o copeiro, sim – mas não por causa da manipulação de José. O copeiro teria se lembrado de José de qualquer maneira.

Durante o período de fome, quem você acha que veio implorando comida? Sim, os irmãos de José. Ele os reconheceu imediatamente, mas eles não sabiam quem ele era – ele estava 22 anos mais velho e em trajes oficiais egípcios, sem contar que falava egípcio através de um intérprete. Então chegou o momento em que José se revelou aos irmãos. Foi o momento com o qual sonhara: o dia da realização desses sonhos.

Mas, em vez de fazer todas as acusações possíveis (e tinha poder para tanto), ele chorou. Cheio de amor, demonstrou o perdão total.

Aplicando o exemplo de José a nós

Então, como o exemplo de José nos ajuda?

1 Não deixe que ninguém saiba o que alguém disse sobre você ou fez com você

Foi exatamente isso que José garantiu quando gritou: "Fazei sair daqui a todo o homem" (Gn 45:1). Para que não houvesse ninguém com José. Meu palpite é que todos saíram, exceto o intérprete, pois até então José nunca havia se comunicado diretamente com seus irmãos, apenas através de um intérprete (Gn 42:23). O intérprete não tinha ideia de que José pudesse falar hebraico com seus irmãos, mas depois, para sua surpresa, ele também recebeu ordem para sair. Está claro que não havia ninguém com José quando ele decidiu se fazer reconhecer por seus irmãos.

Mas por quê? Por que fazer todos saírem? Porque José não queria que uma única pessoa no Egito soubesse o que seus irmãos lhe haviam feito 22 anos antes. Ele tinha um plano, ou seja, convencê-los a trazer seu pai, Jacó, ao Egito. Ele queria toda a sua família ali com ele, mas não queria que ninguém no Egito soubesse o que haviam feito com ele.

José era o herói do Egito: o povo o admirava. Ao interpretar os sonhos do Faraó, ele havia salvado a nação, mas sabia que se vazasse a informação de que seus irmãos o haviam sequestrado e vendido aos ismaelitas, as pessoas odiariam seus irmãos. Mas José queria que seus irmãos fossem heróis no Egito – assim como ele. Essa foi a única maneira de assegurar que ninguém no Egito jamais descobrisse a maldade deles. José não permitiu que ficasse alguém presente ali para escutar esta conversa histórica na qual revelou sua identidade àqueles homens surpresos e assustados. E José não apenas não deixou que ninguém soubesse o que haviam feito: ele garantiu que ninguém poderia saber. Essa é uma das provas de haver perdoado totalmente.

E é exatamente assim que você e eu estamos perdoados. "Assim como está longe o Oriente do Ocidente, assim afasta de nós as nossas transgressões" (Sl 103:12). Nossos pecados são "apagados" (At 3:19). É como se nossos pecados não existissem mais – eles vão embora, embora, embora! No que diz respeito a nossa posição e segurança eternas junto a Deus, eles nunca serão usados contra nós. Ainda nas colinas de Kentucky, costumávamos cantar um refrão que diz que nossos pecados estão enterrados no "mar do esquecimento de Deus". Isto é baseado em Miqueias 7:19: "Tornará a apiedar-se de nós; sujeitará as nossas iniquidades, e tu lançarás todos os seus pecados nas profundezas do mar".

Isso significa que Deus não pode revelar o que sabe. Imagine um grande telão, como esses utilizados em grandes espetáculos para projetar os artistas. Imagine seus pecados listados nessa tela para as pessoas verem. Você olharia aqueles pecados descritos e teria de admitir: "Sim – é verdade. Mas achei que estava perdoado e que ninguém saberia". Imagine o sentimento de traição que o tomaria se Deus revelasse o que sabe sobre você!

Por sinal, há um bocado de coisas que Deus sabe sobre mim que eu não gostaria que você soubesse: ele tem o suficiente para me enterrar. Mas você nunca saberá. Deus não vai contar.

Mas por que nós contamos? Desde que seja apenas por razões terapêuticas, dizer a uma outra pessoa que nunca o repetirá é compreensível. Mas, como vimos, a verdadeira razão pela qual costumamos contar é para punir. Queremos que quem nos prejudicou seja punido. E uma arma à nossa disposição é a língua. Dizemos o que sabemos, e deixamos o outro com uma imagem ruim! Se pudermos ferir sua credibilidade ou reputação por nos haver ferido, dizemos: "É bem feito para ele". Por isso tagarelamos aos outros sobre o que alguém fez, como forma de dar o troco à pessoa.

José às vezes é descrito como "uma espécie de Cristo". Isso geralmente se refere a alguém do Antigo Testamento que nos faz pensar em Jesus antes de o próprio Jesus ter surgido. E, apesar de suas imperfeições, José era realmente "uma espécie" de Cristo em vários sentidos. Sua capacidade de perdoar os seus irmãos como ele perdoou é o que Jesus fez com os seus discípulos. Quase morrendo de medo e tão envergonhados pela forma como haviam abandonado Jesus quando ele foi preso, os discípulos estavam a portas fechadas quando Jesus ressuscitado apareceu inesperadamente e disse apenas: "Paz seja convosco" (Jo 20:21.) Esses discípulos estavam totalmente perdoados – e sabiam disso.

Todos temos vergonhas secretas; conhecidas ou desconhecidas; é reconfortante saber que Deus perdoa livre e totalmente e nunca dirá o que sabe. Foi assim que José perdoou. É por isso que o apelo nos é feito: "Antes sede uns para com os outros benignos, misericordiosos, perdoando-vos uns aos outros, como também Deus vos perdoou em Cristo" (Ef 4:32).

2 Não permita que alguém tenha medo de você ou seja intimidado por você

José revelou sua identidade a seus irmãos com lágrimas e compaixão por eles. A última coisa que queria era que tivessem medo dele. Ele sofrera por dias para lhes contar quem era, mas tinha de seguir uma estratégia cuidadosamente pensada, para ter certeza de que o plano funcionaria. Mas quando "José não se podia conter", caiu no choro enquanto contava a seus irmãos quem era. "E levantou a sua voz com choro, de maneira que os egípcios o ouviram, e a casa de Faraó o ouviu" (Gn 45:2).

A preocupação imediata de José não era apenas revelar quem era, mas também saber como estava seu pai: "E disse José a seus irmãos: Eu sou José; vive ainda meu pai? E seus irmãos não lhe puderam responder, porque estavam pasmados diante da sua face" (Gn 45:3).

Quando não perdoamos totalmente aqueles que nos feriram, dá-nos um pouco de prazer a sensação de que eles têm medo de nós ou ficam intimidados. Se, ao entrarmos em uma sala com várias pessoas, vemos aquela pessoa que nos magoou (e sabe disso) e ela congela de ansiedade, dizemos a nós mesmos: "Que bom!", isso mostra que ainda há ressentimento em nossos corações. Porque "antes o perfeito amor lança fora o temor; porque o temor tem consigo a pena" (I João 4: 18). Portanto, se as pessoas têm medo, imaginamos que estão ganhando um pouco de castigo – que é o que queremos.

Mas não José. Sabendo que eles estavam "estarrecidos diante dele", disse-lhes: "Aproximai-vos de mim". Por quê? Por duas razões: (1) ele não queria que eles tivessem medo; e (2) estava com saudades de abraçar cada um deles – o que fez depois.

O medo pode nos levar a fazer bobagens. É por causa de nossa insegurança que queremos que as pessoas sintam medo de nós. Por isso, ficamos pretensiosos; tentamos impedi-las de saber quem realmente somos e como realmente somos. Às vezes acho que o mais atraente em Jesus, como homem, era a sua imprevisibilidade. Jesus não tentava criar uma aura de "místico"; ele era o tipo de pessoa com quem gente comum podia se relacionar.

E aqui estava José, subindo tão alto quanto se poderia chegar em termos de prestígio e poder. Ele poderia ter mantido os irmãos a distância; ele poderia querer que eles o elogiassem por se distinguir, como obviamente havia conseguido. Essa era uma chance para que eles caíssem a seus pés com medo e reverência. Ele poderia ter dito: "Lembram-se de meus sonhos?". Poderia tê-los lembrado de sua descrença quando ele disse que este dia chegaria. "Eu falei", José poderia ter dito.

Não. "Aproximai-vos de mim", ele disse. José não se sentiu um centímetro acima deles. Não havia nenhum desejo de que eles recuassem e dissessem, "Nossa! Este é nosso irmão José". E ele não queria medo da parte deles. Queria ser amado, mais do que admirado.

Paulo disse: "Porque não recebestes o espírito de escravidão, para outra vez estardes em temor, mas recebestes o Espírito de adoção de filhos, pelo qual clamamos: *Aba*, Pai" (Rm 8:15). A palavra *Aba* é um termo aramaico puro que equivale a *papai*. O testemunho do Espírito Santo nos faz sentir amados e aceitos, e Deus não quer que tenhamos medo dele, uma vez que nos perdoou. Não que isso signifique desenvolvermos uma familiaridade barata com ele, muito menos perdermos o sentido de sua glória e seu poder; e ainda assim, sentimos a sua ternura paternal.

O que José queria que seus irmãos sentissem é o que Jesus quer que sintamos – para com ele e o Pai. "Quem me vê a mim vê o Pai", disse Jesus (Jo 14:9). Você pode, compreensivelmente, ter dificuldade em se relacionar com Deus como Pai, por ter tido um pai abusivo ou ausente. Mas quem disse que temos de ter pais perfeitos para podermos, com razão, nos relacionar com nosso Pai celestial? A imagem perfeita é Jesus: o que José estava tentando transmitir aos seus irmãos. Não havia um rastro de medo ou necessidade em José de que aqueles homens mostrassem remorso; José queria que eles o amassem e sentissem seu amor por eles.

É isto que Jesus procura fazer com todos nós; ele quer nos deixar à vontade em sua presença. Quando Jesus encontrou-se com os Onze, no cenáculo, depois de sua ressurreição, não houve nem sombra de dizer "Como vocês puderam fazer isso? Por quê? Como puderam me abandonar daquele jeito?". Não. Ele apenas retomou de onde havia parado antes de todo o calvário começar, e disse: "Assim como o Pai me enviou, também eu vos envio a vós" (Jo 20:21). Não há temor no amor (I Jo 4:18). José não queria que seus irmãos tivessem medo. Quando perdoamos totalmente, não queremos que as pessoas tenham medo.

3 Queremos que as pessoas se perdoem e não se sintam culpadas

Quando os onze irmãos finalmente se aproximaram um pouco mais de José, ele repetiu: "Eu sou José vosso irmão, a quem vendestes para o Egito" (Gn 45:4). Isso mostra que ele não havia esquecido nem fingido que eles não tinham feito o que fizeram; estava simplesmente identificando-se a eles.

Conhecendo exatamente seus medos e o que estavam pensando, ele disse: "Agora, pois, não vos entristeçais, nem vos pese aos vossos olhos por me haverdes vendido para cá" (Gn 45:5). Ele não estava disposto a enchê-los de culpa; já sabia que eles se sentiam bastante culpados (Gn 42:21).

Às vezes, podemos dizer a alguém "Eu te perdoo pelo que você fez, mas espero que você se sinta mal por isso", o que mostra que ainda queremos que a pessoa seja punida. Mostra nosso próprio medo, que, repito, "tem consigo a pena" (I João 4:18). Quando o medo passa, o desejo de que as pessoas sejam punidas passa com ele.

Uma forma de castigo que adoramos é fazer com que as pessoas se sintam culpadas.

Para aqueles de nós que estamos sempre enchendo as pessoas de culpa, é quase certo que nós mesmos é que temos o maior problema de todos com o sentimento de culpa. Como ainda não resolvemos nossa própria culpa, queremos nos certificar de que os outros chafurdem na lama da culpa conosco. Corremos a acusar, em parte, porque nós não perdoamos a nós mesmos.

Às vezes acho que a culpa é o sentimento mais doloroso do mundo. Eu não posso dizer isso com certeza, porque não sofri a extensão da dor emocional e física que alguns já sofreram. Mas sei, ainda assim, que minha maior dor ao longo dos anos é a da culpa – e de ser lembrado de meu próprio fracasso (especialmente como pai). Se alguém quisesse me machucar – e me fazer sentir péssimo –, bastava perguntar: "Quanto tempo você passou com seus filhos naqueles anos críticos em que eles estavam crescendo?". Mas você vai gostar de saber que acredito que meus filhos me perdoaram totalmente.

José queria libertar seus irmãos. Ele não queria que eles se culpassem ou ficassem com raiva de si mesmos, queria que eles se perdoassem. Como vimos e veremos mais adiante, o perdão não tem valor (no que diz respeito a benefícios emocionais) se não pudermos perdoar a nós mesmos. E certamente não é perdão *total* a menos que perdoemos a nós mesmos, assim como aos outros.

Deus sabe disso, e é por essa razão que ele deseja que perdoemos a nós mesmos, assim como aceitemos sua promessa de que nosso passado está sob o sangue de Cristo. E José estava tentando fazer o que Jesus faria um dia: tornar mais fácil a seus irmãos perdoar a si mesmos.

Então José acrescentou: "porque para conservação da vida, Deus me enviou adiante de vós" (Gn 45:5). Deus faz isso conosco; ele quer tornar mais fácil perdoarmos a nós mesmos. É, em parte, por isso que ele nos deu aquela que é, possivelmente, a mais surpreendente promessa de Paulo: "E sabemos que todas as coisas contribuem juntamente para o bem daqueles que amam a Deus, daqueles que são chamados segundo o seu propósito" (Rm 8:28). Deus não quer que nos sintamos culpados, então, na verdade, ele nos diz: "Basta esperar e verão, farei com que tudo contribua para o bem, a tal ponto que vocês ficarão tentados a dizer que o que aconteceu foi bom e correto. Não que *parecesse* bom – pois o fato de que todas as coisas que contribuem para o bem precisam se repetir não significa necessariamente que, na hora, elas pareçam certas. Mas Deus sabe como fazer os acontecimentos *virem* para bem.

Este é o perdão total: não querer que as pessoas se sintam culpadas ou chateadas consigo mesmas pelo que fizeram, e mostrar-lhes que há uma razão pela qual Deus deixou que tal coisa acontecesse.

4 Poupamos a imagem das pessoas

Isso é levar o princípio anterior do perdão total um passo adiante, pois José disse o que é, sem dúvida, a coisa mais magnânima, benevolente e emancipadora que ele já havia dito até então – não foram *vocês* que fizeram isso, foi *Deus*: "Pelo que Deus me enviou adiante de vós, para conservar vossa sucessão na terra, e para guardar-vos em vida por um grande livramento. Assim não fostes vós que me enviastes para cá, senão Deus, que me tem posto por pai de Faraó, e por senhor de toda a sua casa, e como regente em toda a terra do Egito" (Gn 45:7-8). Melhor do que isso, impossível. Quando conseguimos perdoar assim, nós chegamos lá. Poupar a imagem; isso é o que Deus faz com cada um de nós.

Mas o que é "poupar a imagem"? Dale Carnegie usa essa expressão em seu livro *Como fazer amigos e influenciar pessoas* (1937). Embora esse não seja um livro especificamente cristão, lê-lo não faria mal algum à maioria dos cristãos que conheço, pois ele transborda de princípios cristãos. Poupar a imagem de alguém significa preservar sua dignidade e autoestima. Não é apenas a recusa a deixar que uma pessoa se sinta culpada, é proporcionar uma lógica que permita que o que fizeram pareça bom, e não mau. Também significa esconder dos outros os erros de uma pessoa, para que ela não se envergonhe.

Você pode fazer um amigo para a vida toda, permitindo que essa pessoa poupe sua imagem. Deduzo que essa seja uma expressão oriental, porque, para um oriental, a pior coisa do mundo é a ruína da imagem. Sabe-se que alguns preferiram cometer suicídio a ter a imagem arruinada. Mas desconfio de que somos todos iguais quando se trata de salvar ou perder a própria imagem. Deus nos permite poupar nossa imagem, fazendo com que nosso passado (por mais tolo que seja) contribua para o bem. Lendo Mateus 1:06, que faz parte da genealogia de Jesus, você poderia pensar que o pecado de Bate-Seba e Davi fazia parte, o tempo todo, da estratégia divina. Eu duvido. O pecado de adultério de Davi e as tentativas de encobri-lo assassinando Urias devem figurar entre os piores crimes da história de Israel. Mas não de acordo com Mateus 1:6; Deus nos permite acreditar que o que aconteceu foi como deveria ser.

Você consegue imaginar as expressões nos rostos daqueles homens, quando José lhes disse: "Assim não fostes vós que me enviastes para cá, senão Deus" (Gn 45:8)? Rúben talvez tenha dito a Judá: "Será que ouvimos bem? Não fizemos o que fizemos, foi Deus quem fez?". Acreditar em palavras como aquelas significaria uma carga inimaginável de culpa desprendendo-se desses homens. Para aqueles que suportaram a vergonha de tal insensatez, ouvir que, na verdade, Deus estava por trás daquilo era uma notícia boa demais para ser verdade.

Mas como pode ser isso, José? A resposta é simples: Deus predestinou que os descendentes de Abraão viveriam no Egito. Ele simplesmente "me enviou adiante de vós". Em outras palavras, José estava praticamente dizendo: "Alguém tinha de vir ir primeiro, e eu fui escolhido". Deus sabia dos tempos de fome e sabia que a família de Israel precisava ser preservada.

Mas tem mais. Ao dizer o que disse, José também admitia que teria feito o que eles fizeram se fosse um deles. Ele não os condenou pelo que fizeram; ele também teria reagido a tal arrogância da mesma forma, caso fosse um deles.

Aquele que perdoa totalmente de coração tem pouco de hipócrita, pois uma das razões de sermos capazes de perdoar é que vemos do que (1) fomos perdoados; e/ou (2) somos capazes. Quando estamos indignados com a maldade de alguém, existe a real possibilidade de estarmos sendo hipócritas ou de não termos nenhuma objetividade sobre nós mesmos. Quando nos vemos como somos, vemos que podemos muito bem ser capazes de qualquer pecado cometido por qualquer pessoa, salvo pela graça interventora de Deus.

Este não era um homem hipócrita estendendo a mão aos irmãos; José não estava sendo condescendente com eles, nem os tratando com superioridade, nem estava ciente de realizar algum grande feito. Ele não estava pensando, "vou ser admirado por ser tão bondoso com esses homens indignos e maus". Na verdade, muito pelo contrário. José perdoou esses homens durante aqueles dois anos na prisão, quando Deus agiu em seu coração. Essa é a única explicação para a profunda mudança em José. Em uma palavra: ele era um troféu da graça soberana, mas estava cego a qualquer heroísmo ao fazer-se reconhecer por seus irmãos.

Poupar suas imagens, portanto, não foi um gesto polido; José estava contando a seus irmãos a verdade. Deus quis que fosse um bem; Deus realmente enviou José na frente. Ele não era nem um pouco melhor do que qualquer um deles, e não estava disposto a agir como se estivesse um centímetro acima. Ele não estava, e sabia disso. Apenas sentia-se grato por vê-los, mas também era grato a Deus por ter sido escolhido para ir ao Egito primeiro. Afinal, veja que coisas maravilhosas haviam acontecido com ele como resultado! A preparação, a falsa acusação, a conspiração deles, além de o copeiro não ter se lembrado dele logo no início... tudo valeu a pena. É como quando Jesus disse a seus discípulos: "A mulher, quando está para dar à luz, sente tristeza, porque é chegada a sua hora; mas, depois de ter dado à luz a criança, já não se lembra da aflição, pelo prazer de haver nascido um homem no mundo. Assim também vós agora, na verdade, tendes tristeza; mas outra vez vos verei, e o vosso coração se alegrará, e a vossa alegria ninguém vo-la tirará" (João 16:21-22). A dor que José atravessou para chegar aonde estava agora foi toda esquecida.

Quando permitimos que a pessoa conserve sua imagem, estamos fazendo o que é certo e justo, e não sendo meramente magnânimos e compassivos.

5 Protegemos as pessoas de seus maiores medos

O que você acha que esses onze homens estavam pensando naquele momento? Eles estavam, sem dúvida, emocionados por seu irmão tê-los aceitado real e totalmente. O alívio deve ter sido mais doce do que se pode descrever em palavras, mas mal tiveram tempo de absorvê-lo quando veio o maior medo de todos: eles teriam de voltar a Canaã somente para contar ao pai deles a verdade sobre o que haviam feito.

Pode ter certeza de que eles preferiam morrer a ter de confrontar seu velho pai com a verdade do que realmente havia acontecido quando puseram aquele manto de várias cores ensanguentado diante dele. Seu pior pesadelo era que seu pai viesse a descobrir. E agora eles eram confrontados com a perspectiva de voltar a Canaã e convencer seu pai a vir morar no Egito, onde o seu amado José era – quem poderia imaginar – o primeiro-ministro.

José conhecia os medos deles. Ele já havia calculado isso; estava um passo à frente deles, conhecendo a sua culpa e o horror de tamanho pesadelo. Ele sabia que seu perdão ao que eles haviam feito 22 anos antes não lhes serviria de nada se eles tivessem de dizer toda a verdade a seu pai.

Esta é, para mim, uma das partes mais comoventes deste cenário. José instruiu seus irmãos a dizer a seu pai que ele estava vivo e bem, e que tinha se tornado primeiro-ministro do Egito. De fato, ele lhes relatou exatamente o que dizer a ele.

O que impressiona é o que eles *não* deviam dizer. Foi tudo tão cuidadosamente elaborado que não lhes era permitido revelar tudo o que tinha acontecido. Observe atentamente a linguagem de Gênesis 45:9-13. É um discurso que José havia preparado para eles recitarem a seu pai. Em uma palavra: José não lhes permitiria dizer a seu pai toda a verdade. E por que deveriam? Algo melhoraria para Jacó se ele soubesse? Não. Algo melhoraria para eles, contando a Jacó? Não. Algo melhoraria para José? Não.

O pecado que está sob o sangue de nosso Redentor Soberano não tem de ser confessado a ninguém além de Deus. Se você precisar contar a uma outra pessoa pelo bem que isso lhe faria, está certo. Mas você não precisa envolver um inocente, despejando sobre ele informações sem as quais ele pode muito bem viver. Na maioria das vezes, aqueles que confessam seus pecados passados – inclusive infidelidade – lamentam ter contado a alguém. Por exemplo, em nada ajudaria aquela esposa ou aquele marido saber de uma infidelidade passada, agora que ela acabou. Deixe isso para trás. Confesse a Deus. "Contra ti, contra ti somente pequei, e fiz o que é mal à tua vista, para que sejas justificado quando falares, e puro quando julgares" (Sl 51:4).

Você talvez ache que esses homens deveriam ter confessado seus pecados ao pai, Jacó. Sério mesmo? E dar a Jacó um problema ainda maior – ter de lutar com os anos perdidos e com ressentimento contra seus filhos?

José era sábio, amoroso e justo. Ele fez com que todos os seus irmãos o respeitassem mais.

Quando penso que nosso Senhor Jesus Cristo sabe tudo sobre nós, mas promete manter o que ele perdoou em segredo cuidadosamente guardado, fico ainda mais em dívida e agradecido para com ele. Não que José agisse por esse motivo; ele só queria libertar seus irmãos e dar-lhes um futuro maravilhoso. Mas isso, sem dúvida, o tornou ainda mais querido a eles.

Os mesmos irmãos (exceto Benjamin) estavam muito nervosos e assustados até então. Mas José os convenceu e os conquistou, pois o texto diz: "E depois seus irmãos falaram com ele" (Gn 45:15).

Muitos de nós temos um único grande medo de que algo em especial venha a ser revelado. Eu, pelo menos, sei que tenho.

Sei também do que teria mais medo – caso fosse revelado. Mas Deus não deseja isso; a única possibilidade de algo assim acontecer seria se eu me tornasse um falso virtuoso implacável. (Mais adiante, trataremos de Mateus 6: 14-15, a esse respeito.) Por ora, estou em dívida para com um maravilhoso Salvador que perdoa a todos e garante que meus maiores segredos não serão conhecidos.

Deus não nos chantageia, e se um cristão é culpado disso, chama a atenção de Deus. Ele não apoiará. Manter outra pessoa eternamente com medo, porque a ameaço constantemente com "vou contar" – quando sei pelo que já fui perdoado –, traria a ira de Deus sobre mim mais depressa do que qualquer coisa. Quando passo um bom tempo ponderando as coisas pelas quais já fui perdoado, isto é suficiente para calar minha boca pelo resto de minha vida.

6 É um compromisso para toda a vida

Isso significa que você continuará a fazê-lo – enquanto viver. Não adianta perdoar hoje e voltar à insensatez amanhã. Eu soube de uma pessoa cuja esposa disse: "Pensei que você tinha me perdoado". Ele respondeu: "Isso foi ontem". O perdão total é um compromisso para a vida toda; você precisa fazê-lo todos os dias de sua vida, até morrer. Ninguém disse que seria fácil.

Dezessete anos depois, Jacó morreu, e os irmãos de José, de repente, entraram em pânico. Eles achavam que o perdão de José duraria apenas enquanto o velho patriarca ainda estivesse vivo. Assim, quando ele morreu, todos temeram pensando que José finalmente iria buscar sua vingança. Seus medos eram compreensíveis, pois o que José fez não era uma coisa comum. Eles haviam sido abençoados por sua benevolência, mas temiam que ela tivesse chegado ao fim. "Depois da morte do pai, os irmãos de José disseram: 'Talvez José tenha ódio de nós e vá se vingar de todo o mal que lhe fizemos'" (Gn 50:15).

Em minha opinião, os irmãos forjaram uma história: "Portanto mandaram dizer a José: Teu pai ordenou, antes da sua morte, dizendo: Assim direis a José: Perdoa, rogo-te, a transgressão de teus irmãos, e o seu pecado, porque te fizeram mal; agora, pois, rogamos-te que perdoes a transgressão dos servos do Deus de teu pai. E José chorou quando eles lhe falavam" (Gn 50:16- 17).

Se Jacó tivesse realmente dito isso, ele teria contado ao próprio José. Ele não teria ido para o túmulo com um medo como esse. Eram os irmãos que temiam.

Mas quando José ouviu essa mensagem, ele chorou. Sentiu descrença. Viu que eles haviam vivido com medo de que um dia ele, o primeiro-ministro, usasse seu poder para vingar-se de seus irmãos: "E José lhes disse: Não temais; porventura estou eu em lugar de Deus? Vós bem intentastes mal contra mim; porém Deus o intentou para bem, para fazer como se vê neste dia, para conservar muita gente com vida. Agora, pois, não temais; eu vos sustentarei a vós e a vossos filhos. Assim os consolou, e falou segundo o coração deles" (Gn 50:19-21).

Isso mostra que o que José havia feito dezessete anos antes ainda valia. Isso mostra como era para valer o que ele havia dito então, e que ele estava preparado para cuidar deles indefinidamente. "Eu perdoei vocês então, e perdoo agora", era o que ele estava dizendo a seus irmãos. O que nos revela, de fato, que a mudança de coração de José não foi uma coisa passageira. Foi real. E, no entanto, por mais genuína que fosse, ele poderia ter mudado de ideia depois. Conheci algumas pessoas que cederam depois de terem se saído tão bem na conquista do perdão. Mas não é perdão *total* a não ser que dure – não importa quão grande seja a tentação de voltar atrás. Fico pensando se isso não explicaria, em parte, o Salmo 85:8: "Escutarei o que Deus, o SENHOR, falar; porque falará de paz ao seu povo, e aos santos, para que não voltem à loucura".

Sei que no meu caso, a tentação de ficar ressentido era muito real. Havia momentos em que eu criava conversas mentalmente, imaginando o que poderia dizer, ou lembrando-me do que aconteceu, e era aí que eu ficava agitado. A ideia de que "ninguém nunca vai saber"ou "estão se safando com isso" me agitava. Mas logo que eu perdia a paz, percebia a insensatez de tais pensamentos. Eu tinha de continuar perdoando. O perdão total segue sempre, e alguns dias são mais difíceis do que outros.

Isso significa que nunca devo contar o que sei, nem permitir que meu "agressor"sinta medo, nem querer que ele se sinta culpado, nem torcer para que sua imagem seja arruinada, nem revelar aquilo que sei que o devastaria mais do que tudo. E devo continuar assim enquanto eu viver.

Portanto, se você estiver preparado para firmar um pacto para perdoar – e perdoar totalmente –, precisa estar ciente de que terá de renová-lo amanhã; caso contrário não é o perdão total. Pode até ser mais difícil fazê-lo amanhã do que hoje. Pode até ser mais difícil na semana que vem – ou no ano que vem. Este é um compromisso para toda a vida.

7 Orar para que as pessoas sejam abençoadas

Além dos seis princípios já mencionados, eu teria de adicionar outro, embora não possa mostrá-lo a partir da vida de José. Ele pode ter feito isso (eu não ficaria surpreso se o tivesse feito), mas não posso provar. Tocamos nesse assunto no capítulo anterior: orar por aqueles que nos ofenderam: "Eu, porém, vos digo: Amai a vossos inimigos, bendizei os que vos maldizem, fazei bem aos que vos odeiam, e orai pelos que vos maltratam e vos perseguem" (Mt 5:44). Ao fazer isso como Jesus pretende, você é realmente libertado. No entanto, realizá-lo é obra de uma vida.

Rezar por quem nos feriu significa rezar para que sejam abençoados. Que Deus os abençoe e mostre-se favorável a eles, em vez de puni-los. Você reza para que prosperem. Em uma palavra: você reza para que eles sejam tratados como você quer ser tratado por Deus. Você aplica a Regra de Ouro ao rezar (Mt 7:12). Você não rezará: "Deus, dê um jeito neles". Você não rezará: "Pegue-os pelo que eles fizeram". E tampouco é suficiente dizer: "Pai, eu os confio a você". Isso é tirar o corpo fora. Você reza para que sejam totalmente perdoados exatamente como você mesmo deseja ser.

E, no entanto, rezar assim é, citando João Calvino, "extraordinariamente difícil". Segundo João Crisóstomo (344-407 d.C.), é o mais alto cume do autocontrole. E, ainda, o sofrimento de Jó não começou a passar até que ele orou por aqueles "amigos"que haviam se tornado seu espinho na carne (Jó 42:10). Mas quando fazemos isso estamos nos tornando como o nosso Pai celestial (Mt 5:44). Essa é a verdadeira piedade, a quintessência da semelhança a Cristo.

Para mim, a maior motivação para viver assim é Santo Estevão. Ele é um de meus heróis: quando penso no Espírito sobre ele – seus inimigos sendo incapazes de resistir à sua sabedoria, os milagres que ele fez, e seu semblante radiante (Atos 6:8-15) –, digo a mim mesmo: "Daria qualquer coisa no mundo por esse tipo de unção". Seu segredo, no entanto, surgiu no final de sua vida.

Quando o apedrejaram ele orou – segundos antes de sua morte –: "Senhor, não lhes imputes este pecado" (Atos 7:60). Aí reside o segredo da sua unção incomum.

Se você, portanto, perguntar "Como posso saber se perdoei totalmente meu inimigo, meu traidor, meu esposo ou esposa infiel, meus pais cruéis, aquele que arruinou minha vida ou que prejudicou meus filhos?", eu responderia: realizar estes sete princípios, creio, é o mais perto que você pode chegar de demonstrar o *perdão total*.

Devo acrescentar uma advertência: nunca vá a uma pessoa que você teve de perdoar e diga "Eu te perdoo". Isso será contraproducente todas as vezes, a menos que seja alguém que você sabe que anseia muito por seu perdão. Do contrário, você criará uma perturbação com a qual não será capaz de lidar. A pessoa lhe dirá: "De quê?". Minha experiência é que nove em cada dez pessoas que tive de perdoar não sentem, sinceramente, que fizeram alguma coisa de errado. Cabe a mim perdoá-las de coração – e depois ficar quieto a esse respeito.

CAPÍTULO

3

A oração do pai-nosso e o perdão

Portanto, vós orareis assim:
Pai nosso, que estás nos céus,
santificado seja o teu nome;
Venha o teu reino,
seja feita a tua vontade,
assim na terra como no céu.
O pão nosso
de cada dia nos dá hoje;
Perdoa-nos as nossas dívidas,
assim como nós perdoamos aos nossos devedores;
E não nos deixes cair em tentação;
mas livra-nos do mal.

> Porque, se perdoardes aos homens as suas ofensas, também vosso Pai celestial vos perdoará a vós; se, porém, não perdoardes aos homens as suas ofensas, também vosso Pai vos não perdoará as vossas ofensas.
>
> (Mt 6:9-15)

Pode parecer surpreendente para alguns que pessoas não cristãs podem aprender a perdoar; porém vimos isso implicado na *Introdução*. Vimos também que existem *graus* de perdão. Sou de opinião que uma pessoa não cristã poderia demonstrar o que se pode chamar de perdão limitado e sentir-se melhor em geral por isto. Se uma pessoa estiver suficientemente motivada, pode alcançar uma grande satisfação interior superando o ressentimento. Mahatma Gandhi apelou ao senso de valor e heroísmo quando disse: "Os fracos jamais podem perdoar. O perdão é atributo dos fortes". Por outro lado, o presidente John F. Kennedy disse: "Perdoe seus inimigos, mas nunca esqueça os seus nomes". Isso não tem quase nada de perdão total!

A Bíblia incentiva-nos a perdoar – totalmente. Por essa razão, é surpreendente saber que não há ensino desse tipo de perdão no judaísmo. Após o Holocausto, havia um consenso de que o povo judeu não esqueceria jamais. Portanto, a ideia de um judeu se tornar crente em Jesus como Messias e depois orar com fiéis palestinos é impensável para a maioria dos judeus hoje. Mas isso está acontecendo – até mesmo em Israel, enquanto você lê estas linhas. É de se desejar que esse tipo de coisa aconteça também na Grã-Bretanha, onde muitas vezes as pessoas tentam justificar seu ressentimento – inclusive cristãos!

Perdoa-nos as nossas dívidas

Suponho que o quinto pedido da oração do pai-nosso, "Perdoa-nos as nossas dívidas, assim como nós perdoamos aos nossos devedores" – ou "Perdoa-nos os nossos pecados, porque nós também perdoamos a quem nos deve" –, já tornou mais pessoas mentirosas do que qualquer documento da história humana. Mas não culpo Jesus por isso. Deveríamos realmente acreditar no que dizemos se quisermos rezar a oração do pai-nosso. E Jesus não disse que tínhamos escolha, ele disse: "Portanto, vós orareis assim".

Quero mostrar aquilo que Jesus considerava o pedido mais importante em sua oração, e o que estamos dizendo quando oramos "Perdoa-nos nossas dívidas". É obviamente um pedido de perdão, mas depois vem a garantia – ou, possivelmente, a grande mentira: "Assim como nós perdoamos aos nossos devedores". Este pedido é tanto um pedido de perdão quanto uma afirmação de que perdoamos aqueles que nos feriram. Em uma seção equivalente, Lucas 11:4, Jesus diz: "E perdoa-nos os nossos pecados, porque nós também perdoamos a quem nos deve". Aí está, com o verbo no presente, afirmando que estamos perdoando a todos. Talvez seja uma promessa de que você o fará, mas na versão do Sermão da Montanha em Mateus 6:12, a frase está prometendo a Deus que *já o fizemos*: "Perdoa-nos as nossas dívidas, assim como nós perdoamos aos nossos devedores".*

Tenho orado para que este capítulo faça diferença na vida daqueles que o lerem. Isso significa que orei por você. Desconfio que há muitos que precisam deste ensinamento – e alguns precisam desesperadamente. Não quero que você tenha falsas culpas; não quero fazer ninguém se sentir condenado. Eu não quero que ninguém se sinta ameaçado por estas linhas. Mas se você puder tomar estas palavras e aplicá-las, acredito que este capítulo pode fazer diferença em sua vida. Por sinal, você reza com frequência a oração do pai-nosso? Deve. É a oração mais completa e perfeita já criada.

Você percebe o que está dizendo ao rezar este pedido: "Perdoa-nos as nossas dívidas, assim como nós perdoamos aos nossos devedores"? Você está orando a Deus para ser perdoado por todos os seus pecados. Agora, a palavra traduzida como "dívida" vem de uma palavra grega que significa simplesmente "o que é devido". Ela é utilizada de forma intercambiável com "pecados". Logo após terminada a oração, Jesus prossegue, dizendo: "Porque, se perdoardes aos homens as suas ofensas, também vosso Pai celeste vos perdoará". Isso mostra que ele quis dizer "pecado" quando disse "ofensa" ou "dívida", e se ainda houver alguma dúvida, na versão de Lucas, ele usa a palavra "pecado". Significa "o que é devido a Deus"; e como você lhe deve obediência pura, faltar com esta obediência significa que você fica em dívida com ele, e lhe pede que apague essa dívida.

Então, quando você orar, "Perdoa-nos as nossas dívidas" ou "Perdoa-nos os nossos pecados", está pedindo a Deus para ser livrado dessa situação. "Perdoar" vem de uma palavra grega que significa "deixar estar" ou "mandar embora". Por exemplo, "deixar estar" significaria que Deus não vai fazer nada com você; ele apenas permite que fique como está, e simplesmente apaga o que você deve. Ou "mandar embora" significa que seus pecados

*N. do T.: em português, talvez essa diferença do tempo verbal citada pelo autor não fique tão clara quanto em inglês porque o verbo "perdoar" na primeira pessoa do plural – perdoamos – tem a mesma grafia tanto no presente quanto no passado.

serão mandados embora e você não tem de responder nada por eles. Então, em vez de precisar pagar, Deus apenas deixa passar. Nós, portanto, pedimos a Deus que apague nossas dívidas.

Isso, no entanto, não é uma oração para se tornar cristão; não é uma oração para ser salvo, nem é o que chamamos de "Oração do Pecador". A *Oração do Pecador* é resumidamente: "Deus, seja misericordioso comigo, que sou pecador". Essa é essencialmente a forma como uma pessoa vem a Cristo (Lc 18:13). Pois se pedíssemos salvação com base em já termos perdoado os outros, seria uma salvação condicional. Estaríamos reconhecendo que não podemos ser salvos se não pudermos indicar que perdoamos a todos – como se Deus então dissesse "Tudo bem, agora vou te salvar". Mas somente, então, conseguiríamos permanecer salvos enquanto seguíssemos perdoando a todos, e, se parássemos, perderíamos nossa salvação. Portanto, se a oração do pai-nosso fosse uma oração a ser rezada pelo não cristão, seria uma oração por uma salvação condicional – baseada em boas obras.

É uma oração que apenas um crente – aquele que verdadeiramente, com Jesus, chama Deus de *Pai* – pode rezar. A verdade é que o próprio Jesus reconhece o que a Bíblia geralmente afirma. "Quem pode dizer: 'Purifiquei o meu coração, limpo estou do meu pecado'" (Pv 20:9.)? "Não há homem justo sobre a terra que faça o bem e que não peque" (Ec 7:20). "Pois não há homem que não peque", disse Salomão enquanto rezava pela dedicação do templo (I Reis 8:46). "Se dissermos que não temos pecado algum, a nós mesmos nos enganamos, e a verdade não está em nós" (I Jo 1:8).

Qual é o propósito da oração do pai-nosso?

Qual é, então, é o propósito dessa oração? Não é apelar para nossas próprias forças, mas nos manter em comunhão com o Pai. "Se, porém, andarmos na luz, como ele está na luz, mantemos comunhão uns com os outros, e o sangue de Jesus, seu Filho, nos purifica de todo pecado" (I João 1:7). Para estar em comunhão com o Pai, como Deus é luz e nele não há trevas (I Jo 1:5), todos os nossos pecados devem ser limpos, e isso é verdade quando andamos na luz. Andar na luz significa, em parte, tomar com ambas as mãos tudo o que Deus lhe mostrar. Mas se ele lhe mostrar alguma coisa e você a varrer para debaixo do tapete, anos mais tarde saberá por que não cresceu com o passar dos anos; você adiou a obediência, não há comunhão real com o Pai.

A oração do pai-nosso também foi criada para nos guardar de nos sentirmos falsamente virtuosos. É certo que todos temos esse problema, e precisamos combatê-lo todos os dias. Queremos naturalmente nos justificar; instintivamente queremos apontar o dedo e acusar. Essa oração ajuda a nos manter espiritualmente alerta e ajuda a dar-nos objetividade sobre nós mesmos. Isso significa ver a nós mesmos como realmente somos. Essa oração, portanto, mostra que precisamos do perdão diariamente tanto quanto precisamos de pão diariamente.

Há duas coisas que Jesus toma como pressupostos na oração do pai-nosso. A primeira é o pressuposto de que as pessoas nos feriram. O segundo pressuposto conta com o fato de que precisaremos ser perdoados. Todos nós temos ficado aquém da glória de Deus, e Jesus quer nos mostrar que ele sabe que as pessoas também ficam aquém de nos tratar com a dignidade, o amor e o respeito de que gostaríamos. Jesus, portanto, pressupõe que fomos magoados pelos outros. Magoamos a Deus e queremos que nosso caso seja relevado; as pessoas nos magoaram, por isso devemos relevar o caso delas.

De que maneira você foi magoado pelas pessoas? Talvez tenha caído em descrédito, ou sido desonrado; ficou desapontado com a ingratidão da qual elas foram capazes. Mentiram sobre você; aproveitaram-se; as pessoas não demonstraram reconhecimento; elas foram desleais. Então pense em alguém a seu redor que lhe deixou desacreditado. Pense em alguém ao seu redor cuja ingratidão lhe causou decepção. Você quer que outra pessoa demonstre sua gratidão. Caso digam: "Obrigado", você diz: "Não há de quê", mas se não tivessem dito nada, você teria notado! Você quer que lhe agradeçam, quer que as pessoas se sintam gratas e, quando é óbvio que não ficam, isso mexe com você. Jesus está nos dizendo que é assim que as pessoas são.

Talvez não perceba, mas você também faz isso com alguém. Você gostaria que relevassem *seu* caso? Portanto, você ora a Deus para que ele não o acuse de tudo, e ora para que Deus não acuse as pessoas de tudo.

Lembro-me de um momento crítico em minha vida, quando eu queria ficar mais perto de Deus e também sabia que tinha de perdoar. Foi como se Deus me parasse no meio da frase e dissesse: "R. T., você sabe o que está pedindo? Significa que está querendo que eu os perdoe e os abençoe". Pois uma coisa é dizer a Deus: "Perdoe-os", torcendo para que ele não o faça.

E outra é dizer querendo realmente isso. Naquele momento, eu precisava decidir. Eu queria que Deus, de verdade, me levasse a sério, que os perdoasse e relevasse o caso?

Você quer que Deus releve o *seu* caso? Como eu disse anteriormente, todos temos vergonhas secretas. E se Deus decidisse que, como você não quer perdoar, ele escolherá uma das vergonhas que você esconde e fará com que todos saibam que ele sabe isso de você? Essa é uma boa motivação, em minha opinião, para dizer: "Deus, perdoe-os, sim, muito obrigado, perdoe-os".

O perdão é um compromisso para toda a vida

Não precisamos só do perdão diário como do pão diário, mas precisamos também orar diariamente para perdoar os outros, porque fazer isso, como já vimos, é um compromisso para toda a vida. Não é fácil; ninguém disse que seria fácil. Digo mais uma vez, essa é a coisa mais difícil que já tive de fazer, mas a oração do pai-nosso é o caminho a seguir para a comunhão com Deus. Não há perdão para aquele que não perdoa; mas não é uma oração por justificação, nem uma oração para continuar salvo. É uma oração pela comunhão contínua. Significa não acusar, não guardar registro das ofensas.

Pois logo que Jesus terminou a oração do pai-nosso, ele acrescenta: "Porque, se perdoardes aos homens as suas ofensas, também vosso Pai celestial vos perdoará a vós" (Mt 6:14). É como se Jesus acrescentasse um "P.S." à oração do pai-nosso. Acabando de concluir a oração do pai-nosso, ele diz: "Porque, *se* [grifo meu] perdoardes aos homens as suas ofensas, também vosso Pai celestial vos perdoará a vós" (Mt 6:14). É quase como se por isso mesmo ele nos desse a oração!

Por que Jesus faz esse acréscimo? Obviamente, isso mostra qual dos pedidos era o mais importante. Mas há outros motivos também, pois esse tipo de ensinamento nunca é demais. Quanto a mim, sei que preciso ser lembrado disso o tempo todo. A tendência mais natural do mundo é querer de volta o que é seu. É tão natural quanto comer ou dormir – você instintivamente quer dar o troco. Mas o que Jesus está nos dizendo para fazer aqui é algo que não é natural, mas sobrenatural – perdoar totalmente as pessoas (às vezes aquelas mais próximas a nós) pelo que nos fizeram. Preciso lhe dizer que ainda tenho de lutar por isso, e ainda devo continuar me lembrando. Mas quando perdoo real e totalmente, estou entrando no sobrenatural. Às vezes, podemos não ter experimentado muitos sinais, maravilhas e milagres, ou experimentado muitos dos dons do Espírito Santo. Mas se perdoamos totalmente aqueles que nos feriram injustamente, neste momento, entramos no reino do sobrenatural – um feito igual a qualquer milagre.

O reino dos céus é o reino do Espírito Santo. Quando o Espírito Santo está presente em nós, isso significa que ele não está entristecido, que é como realmente é; não se ajusta a nós, nós é que nos ajustamos a ele. Conhecemos a unção do Pai, e a intimidade com ele. Isso é, em parte, o significado da expressão "reino dos céus". Deve-se ressaltar novamente que quando Jesus diz, "Se perdoardes aos homens as suas ofensas, também o vosso Pai celeste perdoará a vós", ele não está falando sobre a maneira de ser salvo. Pois se essa *fosse* a maneira de ser salvo, quantas pessoas você conhece que estão *realmente* salvas, se é assim que alguém se torna e permanece cristão? Jesus não está falando sobre como ser salvo, está falando sobre a unção e a intimidade com Deus. Tampouco é uma perfeição sem pecado. Afinal, quando ele disse: "Perdoa-nos os nossos pecados", ele pressupunha que todos pecaríamos.

Sermos honestos de verdade sobre o ressentimento

Aqui está uma parte ainda mais difícil, e eu gostaria que não fosse assim. João diz: "Se dissermos que temos comunhão com ele, e andarmos em trevas, mentimos, e não praticamos a verdade" (I João 1:6). O que são as trevas? As trevas são o ressentimento, assim como aquela confusão da mente e aquela opressão em nossos corações porque não perdoamos os outros de verdade. Você pode dizer: "Ah, mas *estou* em comunhão com Deus". Não. Você apenas *afirma* estar em comunhão com Deus se não houver ressentimento: se afirmarmos que temos uma comunhão com Deus, mas andamos nas trevas, então mentimos. Andar nas trevas é a consequência de não perdoar. Quando não perdoo, posso passar muitas horas por dia em oração, mas não estou verdadeiramente em comunhão com Deus. Se não consigo perdoar aquela pessoa que feriu alguém próximo a mim, ou se não consigo perdoar aquela pessoa pelo que quer que ela tenha feito, estou nas trevas. Posso pregar, e as pessoas podem até dizer: "Oh, que sermão maravilhoso; você deve ter intimidade com Deus!". Posso chegar e cantar, levantando as mãos, e você pode dizer: "Ah, olha como R. T. está adorando o Senhor!". Eu poderia fazer uma encenação tamanha, que você poderia achar que sou a pessoa mais sagrada que jamais existiu. Na realidade, se eu tiver ressentimento em mim, ou nutrir um rancor, estou apenas *afirmando* ter comunhão com Deus, pois na verdade estou em trevas.

Jesus vem ternamente junto a nós, na oração do Pai-Nosso, e nos conta que seremos magoados por pessoas que nunca nem sonhamos que nos magoariam. Podemos pensar: "Ah, sim, consigo imaginar fulano ou sicrano me magoando, mas nunca pensei que seria você!". "Até o meu próprio amigo íntimo, em quem eu tanto confiava, que comia do meu pão, levantou contra mim o seu calcanhar" (Sl 41:9). Portanto, essa é uma previsão sincera de Jesus: seremos magoados pelas pessoas. E não só: ele chama esta mágoa que nos causam de *pecado*.

Quando as pessoas não têm intenção de nos magoar

Agora, há mais de um tipo de mágoa. Por exemplo, às vezes as pessoas não têm a intenção de nos prejudicar, mas ainda assim somos magoados. Às vezes, elas não sabem que nos magoaram. Em outros casos, porém, sabem que estão nos desapontando, mas não têm intenção: não há escolha. Por vezes, temos de tomar uma decisão que sabemos que vai entristecer alguém, mas não temos intenção de magoar; nossa motivação não é magoar. Na verdade, faríamos tudo o que pudéssemos para anestesiar aquelas pessoas, para aliviar sua dor. Como pai ou líder de Igreja, às vezes devo tomar decisões e dizer: “Lamento, mas é assim que vai ter de ser!”. Alguém será magoado e talvez tenha de lutar para perdoar. Ao longo dos anos, já experimentei também o contrário: quando pessoas tomaram decisões a meu respeito. Elas sabiam que determinada coisa me magoaria, e me magoou – e eu lutei para perdoar. Sua motivação não me era causar tristeza, mas, ainda assim, tiveram de tomar esta decisão e eu precisava perdoá-los. Por isso, em casos como esse, não é um pecado o que você tem de perdoar – mas, mesmo assim, você está magoado.

Mágoas causadas pela insensibilidade

Existem aqueles que são deliberadamente cruéis – e isso é claramente um pecado. Há também pecados que não são cometidos intencionalmente, mas, de qualquer forma, falta sensibilidade à pessoa. Uma pessoa pode ser tão absolutamente insensível que magoa profundamente outra. Talvez por serem pessoas cheias de si; talvez por serem ciumentas. Elas podem tomar decisões e dizer, “Ah, não há animosidade alguma nisto”, mas não estão conscientes de que é o ciúme que as leva a tomar aquela decisão em particular. Pode ser pela própria raiva, pela própria ambição. Nunca se esqueça de que todos nós pecamos todos os dias, e, portanto, devemos rezar diariamente por aqueles que magoamos de modo involuntário. Talvez os tenhamos magoado porque não somos sensíveis o suficiente. Quanto mais sou sensível ao Espírito Santo, mais sensível serei perto de uma pessoa que sofre. Isso significa que não ignorarei conscientemente uma pessoa sofrendo. Nunca se esqueça das palavras de Jesus: “Não esmagará a cana quebrada” (Mt 12:20). Quero sempre ser assim com cada pessoa, mas receio que não seja. Então a questão é: existe uma espécie de pecado em que as pessoas não são maliciosas, não são odiosas, elas não estão querendo ferir – mas ainda assim é pecado, porque estão sendo insensíveis.

Mágoas causadas por pecados cometidos conscientemente

E é claro que existem pecados que são cometidos intencionalmente. As pessoas fazem coisas más, de olhos bem abertos, e sabem disso. Você diz: "Preciso perdoar isso?". Sim.

Mas há um consolo maravilhoso: quanto maior o pecado que você perdoar, maior será a providência do Espírito Santo que virá até você. Assim, se tiver um caso extremamente difícil nas mãos e disser: "Não posso perdoar isto!", você pode, de início, não perceber que lhe está sendo entregue, em uma bandeja de prata, a oportunidade de receber uma medida de unção que outra pessoa talvez nunca receba por não precisar perdoar tão profundamente quanto você precisa perdoar! Então, se tem uma mágoa profunda e diz: "Não posso perdoar!", quero que saiba que há uma grande bênção que pode ser derramada sobre você, que outra pessoa pode não conseguir por não ter a mesma luta que você. Considere isso um desafio, uma oportunidade; segure-a com as duas mãos. Receba bem a oportunidade de perdoar a mais profunda mágoa, a maior injustiça; lembre-se de que uma unção maior está sendo oferecida.

Que pecados devemos perdoar?

Quais pecados devemos perdoar? Qualquer pecado. Como veremos em detalhes mais adiante, devemos começar por não julgar. Isso não é fácil, mas não nos cabe julgar os motivos do outro. Não julgar já é o início do perdão. Devemos deixar para Deus julgar quanto as pessoas são culpadas. Se o que elas fizeram foi deliberado ou não, só o que sabemos é que estamos magoados. Elas talvez sejam como são por terem tido uma criação ruim. Estou certo de que todos os nossos filhos perceberão, cedo ou tarde, onde falhamos como pais, e precisarão nos perdoar. Eu tive de perdoar meu pai por suas imperfeições. Talvez você tenha de perdoar aquele professor injusto, seu chefe incompetente, que foi promovido a um posto além de sua competência. Além disso, você deve perdoar um irmão cristão que é insensível.

Jesus está falando de um privilégio escolhido. "Se perdoardes aos homens" – isto é, "as pessoas" –, isso significa que você opta por fazê-lo, ou por não o fazer. "A prudência do homem faz reter a sua ira, e é glória sua o passar por cima da transgressão" (Pv 19:11). Você consegue pensar em muitas coisas que possam trazer glória? Ter um funeral em rede nacional de televisão? Ser nomeado presidente de uma grande instituição? Ganhar uma medalha de ouro nas Olimpíadas? Ganhar o Prêmio Nobel da Paz? Isso é glória, mas Provérbios 19: 11 diz: "É glória sua o passar por cima da transgressão". Isso é fazer algo muito mais espetacular do que ganhar uma medalha olímpica ou ser nomeado membro da Câmara dos Lordes. É glória relevar uma ofensa. É adentrar o sobrenatural.

O perdão total é um privilégio que escolhemos

Perdoar totalmente é um privilégio que escolhemos. É um privilégio ser piedoso: ser como Deus e transmitir este perdão a outra pessoa. Agora, como já salientei, isso não significa que essa seja a maneira pela qual você é salvo. É aí que as pessoas que não acreditam em "uma vez salvo, sempre salvo" encontram dificuldade. Elas dizem, "Bem, este versículo mostra que você pode perder sua salvação". Errado. Quero dizer a essas pessoas que ninguém jamais poderia ser salvo se tivesse de manter o perdão total para ir para o céu. O perdão total é algo a que você chega através do crescimento. É possível, pode ser feito, mas não é a maneira pela qual você é salvo. É a maneira pela qual você experimenta a Pomba descendo e permanecendo sobre você (Jo 1:32).

Por que você deveria querer perdoar? Porque você preza mais a comunhão com o Pai do que a punição de seus inimigos; você deseja a comunhão com Deus mais do que Deus os acuse de tudo o que for possível. Você quer demais a unção para pensar em vingança.

Mas agora Jesus diz isto ao contrário, para o caso de ainda não termos entendido: "Se, porém, não perdoardes aos homens as suas ofensas, também vosso Pai vos não perdoará as vossas ofensas" (Mt 6:15).

Esta, então, é a continuação do "P.S." de nosso Senhor, após a oração do pai-nosso. Estamos cercados; não há como evitá-lo. Isso mostra que perdoar as pessoas não é algo *para brincadeira*; é sério, não um acessório opcional. E, ainda, para nos motivar a perdoar, Jesus diz: "Se você não perdoar, seu Pai não o perdoará".

O que acontece quando não perdoamos?

Qual é, então, o resultado se não perdoarmos? Se isso significa que perdemos nossa salvação, segue-se que somos salvos pelas obras. Tenho de lhe dizer, e não tenha dúvidas quanto a isso, que quando você perdoa outra pessoa, isso é uma obra – e obra boa. Mas também gostaria de lembrá-lo, "Porque pela graça sois salvos, por meio da fé; e isto não vem de vós, é dom de Deus. Não vem das obras, para que ninguém se glorie" (Ef 2:8-9). Mas Paulo acrescenta: "Porque somos feitura sua, criados em Cristo Jesus para as boas obras, as quais Deus preparou para que andássemos nelas" (Ef 2:10). Assim, temos a obrigação de fazer boas obras, e uma delas é perdoar aqueles que nos magoaram.

Embora saibamos que somos salvos somente pela graça, ainda precisamos saber o que decorre do fato de não perdoarmos. Assim, gostaria de resumir alguns esclarecimentos. É vital para nossa compreensão teológica, pois, onde há confusão neste ponto, a agitação e a ansiedade são infinitas.

1 A salvação é incondicional; a comunhão com o Pai é condicional

Quando somos justificados diante de Deus, somos declarados justos, e isso vem pela fé. A qualquer pessoa que transfira a confiança que tinha em suas boas obras e, em vez disso, confia no que Jesus fez na cruz, Deus confere uma perfeita retidão. Isso é nosso para sempre. Mas a comunhão com o Pai em nosso caminho ao céu é condicional, porque podemos perder temporariamente a comunhão com o Pai.

2 A justificação diante de Deus é incondicional; a unção do Espírito é condicional

A unção – o poder do Espírito em nossas vidas – pode fluir e refluir. A Pomba pode descer e depois voar para longe por algum tempo, mas nossa posição diante de Deus, por causa da retidão de Cristo colocada a nosso crédito (Rom. 4:4-5), é permanente.

3 Nosso *status* na família é incondicional; nossa intimidade com Cristo é condicional

Somos filhos e filhas para sempre; fomos adotados na família

(Ef 1:5). Estamos tão seguros na família quanto o próprio Jesus na Trindade. Por quê? Somos feitos co-herdeiros com Cristo (Rm 8:17). Uma vez salvos, sempre salvos – mas a nossa intimidade com Cristo é condicional.

4 Nosso destino eterno – se vamos para o céu ou para o inferno – está fixado, mas receber uma recompensa é condicional

Uma vez salvos, nós iremos para o céu, mas receber uma herança, que é a palavra muitas vezes usada como sinônimo de recompensa (Cl 3:5), é condicional. Alguns podem ir para o céu sem recompensa: "Se a obra que alguém edificou nessa parte permanecer, esse receberá galardão. Se a obra de alguém se queimar, sofrerá detrimento; mas o tal será salvo, todavia como pelo fogo" (I Co 3:14-15).

Graças a Deus que tudo isso é verdade, do contrário, a salvação seria para poucos ou, mesmo, para ninguém! Mesmo tendo dito isso, perdoar totalmente o outro é algo viável. *Pode ser feito*, e ainda assim é algo que você e eu temos de continuar fazendo. Não basta dizer: "Ora, fiz isso ontem, já paguei minhas dívidas, mostrei que conseguia"; é, sim, um compromisso de longo prazo. Que ninguém diga "Isto está além do que sou capaz!". Pode ser uma luta contínua, mas podemos superar continuamente, e as consequências são maravilhosas. O contrário é simplesmente horrível demais.

Deus condena um espírito que não perdoa

Deus condena um espírito que não perdoa. "Mas se você não perdoar os pecados dos homens, seu Pai não perdoará os seus." Por que você acha que Deus odeia um espírito que não perdoa? Há três razões:

1 Esse espírito demonstra indiferença para com a maior coisa que Deus fez

Esta "maior coisa" foi Deus enviar seu Filho para morrer na cruz por nossos pecados. Ser perdoado é a coisa mais maravilhosa do mundo. Para nos perdoar, Deus pagou um preço severo. Prevejo que quando chegarmos ao céu, seremos capazes de ver, pouco a pouco, o que significava para Deus enviar seu Filho para morrer na cruz. Agora vemos somente a ponta do iceberg:

vemos as ondas de glória, e elas nos dominam, mas vimos pouco. Deus fez por nós o que não merecíamos. Portanto, ele quer que passemos esta mensagem a outros que não merecem.

2 Interrompemos o propósito de Deus no mundo: a reconciliação
Como fazemos isso? Deus ama a reconciliação e quer que ela continue. Deu-nos o ministério da reconciliação, e quando somos perdoados, ele quer que passemos isso adiante. Quando a interrompemos, ele não gosta nem um pouco. Assim, interrompemos o que ele começou: em primeiro lugar, enviando seu Filho para morrer na cruz, efetivamente chamando-nos à sua graça e dando-nos o perdão total. Mas quando não passamos isso adiante, interrompemos esse fluxo.

3 Deus odeia a ingratidão
Deus ama a gratidão. Ele sabe do que nos perdoou, está plenamente consciente disso. Leia o relato em Mateus 18, em que o servo cai de joelhos, vai a seu mestre e diz: "Tenha paciência e eu lhe pagarei tudo", e o mestre do servo teve compaixão dele, cancelou a dívida e o dispensou da obrigação. O mestre sabia do que havia perdoado o servo. Mas, depois, aquele servo em particular saiu e encontrou um dos seus próprios servos, o qual lhe devia cem dinares; ele o agarrou e começou a sufocá-lo, dizendo: "Pague o que deve!". Então esse servo fez exatamente o que seu mestre havia feito: caiu de joelhos e disse: "Por favor, perdoe-me, eu lhe pagarei". O que havia sido perdoado recusou-se, jogando seu empregado na prisão. A notícia chegou àquele que o havia originalmente perdoado, o qual, é claro, sabia exatamente do que havia perdoado aquela pessoa. E pensar que poderia haver tanta ingratidão e tanta raiva!

Jesus então acrescentou: "Assim vos fará, também, meu Pai celestial, se do coração não perdoardes, cada um a seu irmão, as suas ofensas" (Mt 18:35). Deus sabe o que fizemos. Ele sabe do que nos perdoou. Há coisas que você fez, possivelmente, que ninguém nunca saberá. Você diz: "Bem, nunca ficarão sabendo", mas Deus sabe. Se você muda de rumo e diz: "Não posso perdoar tal pessoa por isso", ele não gosta nem um pouco. Ele odeia a ingratidão. Ela mostra que não ficamos muito contentes em ter nossos pecados perdoados; não somos muito gratos. Por isso, Deus julga-nos quando não passamos esse perdão adiante. (Como Deus faz isso será visto no Capítulo 4.)

Como o não perdoar se manifesta

As características de um espírito que não perdoa geralmente começam com o ressentimento; o ressentimento é nutrir rancor. É quando você está internamente ressentido, ocupando-se com o ódio e com a autopiedade. Você simplesmente não consegue lidar com a possibilidade de que a pessoa ou as pessoas que fizeram algo contra você não sejam pegas. Você as quer expostas; quer que fiquem na berlinda para que todos vejam o que elas fizeram com você. A ideia de que isso possa não acontecer lhe corrói, e o ressentimento fica tão profundo que você se recusa a relevar o caso.

O ressentimento o leva a repassar mentalmente, sem parar, "o que me fizeram". A relembrar. A reviver exatamente o que aconteceu. Quando se trata daqueles que o feriram, você não deve fazer isso – nem pensar nisso. Em vez de obter alívio e libertação, você fica ainda mais agitado.

Tudo isso leva a querer se vingar. Vingança. Você está determinado a fazê-los pagar – o que não difere daquele que havia sido perdoado, mas que, na verdade, ainda dizia "Pague-me, pague-me!" Mt 18:30-32). Ele havia sido perdoado, mas não era capaz de passar esse perdão a outra pessoa.

Como, então, você faz com que paguem? Uma forma é dizer: "Vou falar o que sei sobre você", e, com isso, mantê-los paralisados de medo. Talvez você saiba algo sobre outra pessoa, e, se abrisse a boca sobre ela, isso poderia arruiná-la. Você, de vez em quando, gostaria de jogar isso na cara dela e dizer: "Ainda posso contar". Jesus faria isso? Você tem alguma ideia de quanto perturba a Deus esse nosso jeito?

Haverá o dia do pagamento para aqueles que não perdoam: "Se, porém, não perdoardes aos homens as suas ofensas, também vosso Pai vos não perdoará as vossas ofensas" (Mt 6:15). Deus realmente não gosta que você ou eu tomemos uma pessoa como refém, com medo, sabendo o que ele fez em nosso caso. Podemos fazer isso ferindo a reputação da pessoa.

Podemos fazer isso impedindo que outra pessoa tenha uma boa imagem dela. Podemos levar esse castigo mais longe; podemos querer administrar a justiça, querer mesmo realizá-la. Não importa que Deus diga: "Minha é a vingança!". Não importa que Deus diga, "Isto é algo que somente eu faço". Se o *fizermos*, será apenas uma fração do que Deus *teria* feito. Se você e eu não pudermos esperar o tempo certo de Deus, e sua maneira, e dissermos, "Vou cuidar para que a justiça seja feita", Deus dirá: "Vá sozinho".

O perdão é uma escolha que devemos fazer e ela não vem facilmente. Se fosse assim tão fácil, por que você acha que Jesus a mencionou novamente após terminar a oração do Pai-Nosso? Ele sabe que isto não é fácil. Não foi fácil para Deus fazer o que fez, mas Deus o fez. Ele sacrificou seu Filho, e nos pede para fazer um pouco de sacrifício relevando o erro de alguém, e até mesmo orando para que Deus o releve. Quando você fizer isso querendo realmente que aconteça, você chegou lá. Deus olha lá do céu e diz: "Que bom". Mas você tem de fazer isso novamente amanhã. Você faz a escolha e vive com ela. O amor é um ato de vontade.

A decisão de não deixar que as pessoas fiquem impunes mostra, portanto, que não somos suficientemente gratos por Deus nos haver perdoado. Não levamos a sério quanto pecamos, ou que nosso caso foi relevado. Sim, o que todos nós talvez queiramos fazer é dizer: "Ora, o que eu fiz não chega nem perto da maldade que me fizeram!". E é aí que estamos errados! Isso é ser hipócrita. Deus odeia a hipocrisia tanto quanto a injustiça que você acha que é tão horrível, e Deus certamente não gosta quando julgamos. Então, se não perceber que Deus te perdoou, lembre-se de que o pecado mais hediondo de todos é a hipocrisia.

Nunca esquecerei o momento em que descobri isso. Alguns anos atrás, vi pela primeira vez o hino de John Newton:

> Muito tempo deleitei-me com o mal
> Nem vergonha, nem temor em mim
> Mas descubro algo novo afinal
> Que em meu curso no mal pôs fim
>
> John Newton (1725-1807)

Ao ler essas palavras, percebi, de repente, que eu seguia um mau curso de hipocrisia, levando-me a sério demais; senti-me tão envergonhado!

Se ao menos percebêssemos verdadeiramente quanto Deus odeia a hipocrisia – e, no entanto, também isso ele perdoa! Poder-se-ia argumentar que a hipocrisia é o pecado que ele mais odeia, e o que ele perdoa com mais dificuldade. Mas ele o faz. Você pode dizer: "Nunca tive pensamentos sexuais com aquela pessoa" ou "Jamais caí na imoralidade como aquela pessoa". Os pecados sexuais são um assunto sério, mas, para Deus, a hipocrisia é pior – por sua própria natureza, ela se opõe à consciência do pecado.

A principal causa de um espírito que não perdoa é a hipocrisia. Optamos por não relevar o erro de alguém porque não somos suficientemente gratos a Deus por nos haver perdoado. Porque se fôssemos, nós perdoaríamos.

Não valorizar nossa comunhão com o Pai

Há, no entanto, outra causa para um espírito que não perdoa: não enxergamos um valor elevado o bastante na comunhão com o Pai. Não há nada mais maravilhoso do que a comunhão com o Pai; João disse: "E a nossa comunhão é com o Pai e com seu filho Jesus Cristo" (I João 1:3). Você enxerga um valor elevado na comunhão com o Pai? Além disso, receber uma recompensa no céu significa pouco ou nada para você? Um espírito que não perdoa significa não dar grande valor a coisas que um dia significarão tudo para você.

As consequências de um espírito que não perdoa

Quais são, então, as consequências de um espírito que não perdoa? O que significa exatamente quando Jesus diz: "Se, porém, não perdoardes aos homens as suas ofensas, também vosso Pai vos não perdoará as vossas ofensas" (Mt 6:15).

1 O Espírito Santo fica entristecido

"E não entristeçais o Espírito Santo de Deus, no qual estais selados para o dia da redenção" (Ef 4:30). Quando o Espírito

Santo é entristecido, isso significa uma distorção no pensamento da pessoa. Peço-lhe para não entristecer o Espírito Santo porque seu relacionamento com ele é a melhor coisa que você tem a seu favor. O Espírito não entristecido é o que nos permite enfrentar as situações. Eu mesmo não poderia fazer meu trabalho se o Espírito Santo estivesse permanentemente entristecido. Não consigo funcionar nem pensar claramente. Caso tenha dito uma palavra dura à minha esposa Louise, a meus filhos ou a alguém ao meu redor, ou caso tenha uma má atitude e sinta rancor, tentar preparar um sermão é impossível. Por quê? Porque o rancor entristece o Espírito. Não deve ser diferente com você. Você certamente quer estar em seu melhor estado, seja com computadores, sendo professor, carteiro, advogado, vendedor, enfermeiro ou datilógrafo. Você quer estar em seu melhor. Portanto, não deixe que o Espírito Santo fique chateado. Nunca é demais lembrarmos que, imediatamente após Paulo nos advertir a não entristecer o Espírito, ele acrescenta:

> Toda a amargura, e ira, e cólera, e gritaria, e blasfêmia e toda a malícia sejam tiradas dentre vós. Antes sede uns para com os outros benignos, misericordiosos, perdoando-vos uns aos outros, como também Deus vos perdoou em Cristo
>
> (Efésios 4:31-2).

2 Você é entregue a si mesmo

A recusa a perdoar significa que Deus se afasta e deixa você suportar os reveses com as próprias forças. Pouca gente gosta desse tipo de vida – suportar os reveses com a própria força. Eu não poderia suportar. A Bíblia diz que o desviado despreza o SENHOR (Prov 14:2), assim, quando alguém é entregue a si mesmo e à carne, essas capacidades inimagináveis para o pecado em nós ganham permissão para explodir. Não apenas isso; Satanás entra. Sempre que puder, ele se aproveitará de nós (II Co 2: 11). Explorará esse espírito que não perdoa e cavalgará sobre ele. E você pode, às vezes, até manifestar um espírito demoníaco – tudo porque esse ressentimento ocupou-o tanto. Não perdoar é um convite para que o diabo entre. Satanás explorará sua autopiedade, e, o pior de tudo, você pode imaginar que Deus está com você nisto! É como quando o diabo disse a

Eva: "Certamente não morrereis" (Gn 3:4), e ela disse, de fato, "Ora, obrigada por isso!", e acreditou; No seu caso, o diabo entrará e dirá: "Bem, normalmente seria verdade que devemos perdoar, mas o que você tem a perdoar é tão pior do que qualquer outra ofensa, que Deus te isentará". E você diz, "Ah, muito obrigado por isso!" – e é tolo o suficiente para acreditar.

Então, primeiro o Espírito Santo fica entristecido; você já não pensa claramente. Segundo, o diabo entra porque Deus entregou você a si mesmo. No entanto, começa a imaginar que Deus está com você – que você está perfeitamente justificado em sua raiva. Posso lhe dizer o que mais pode acontecer, e é terrível: não se surpreenda se, no final das contas, você cair em outros pecados. Você pode até mesmo começar a fazer coisas que nunca pensou que pudesse fazer. Mas, uma vez que o diabo entre, você começa a ceder em todos os tipos de coisas relacionadas a sexo e integridade. Ainda em Ashland, Kentucky, nos Estados Unidos, conheci um homem que acabou caindo na imoralidade sexual. Mas tudo começou com o ressentimento. Pode parecer que o ressentimento está a mil quilômetros da imoralidade sexual, mas esse homem não queria perdoar e, por fim, caiu na imoralidade sexual. Por quê? Porque você foi deixado a sua própria sorte.

3 Você força Deus a se tornar seu inimigo

> De onde vêm as guerras e pelejas entre vós? Porventura não vêm disto, a saber, dos vossos deleites, que nos vossos membros guerreiam? Cobiçais, e nada tendes; matais, e sois invejosos, e nada podeis alcançar; combateis e guerreais, e nada tendes, porque não pedis. Pedis, e não recebeis, porque pedis mal, para o gastardes em vossos deleites. Adúlteros e adúlteras, não sabeis vós que a amizade do mundo é inimizade contra Deus? Portanto, qualquer que quiser ser amigo do mundo constitui-se inimigo de Deus.
>
> (Tiago 4:1-4).

A razão pela qual Deus trata você como inimigo é que, por não perdoar as pessoas, você, na verdade, está dizendo: "Deus, saia daí, quero fazer o seu trabalho!". *Você* está tentando ser o juiz. Você se tornou juiz: você escolheu ser o que somente Deus é. Ele é o Justo Juiz. Ele fará o certo. Ele limpará seu nome. Ele punirá aqueles que o magoaram, se for isso que eles merecem. Ele cuidará deles; exporá tudo. Ele sente o que você sente. Mas se você decidir fazer o trabalho dele, ele se torna *seu* inimigo. Sempre que julgamos o outro, como veremos a seguir, *nunca* sairemos ilesos disso. Não julgue, e você não será julgados. Julgue, e você será julgado.

4 Você perde o potencial de sua unção

Uma vez que nos recusamos a perdoar, a unção que Deus deu é retirada e ficamos como uma concha vazia. Você pode continuar por algum tempo, porque os dons de Deus são irrevogáveis (Rm 11, 29) – até mesmo o rei Saul ainda profetizou durante algum tempo, mas acabou por perder tudo. Depois da salvação, considero a unção como a coisa mais preciosa – mas é possível perdê-la. Podemos até mesmo prosperar por algum tempo; uma árvore caída ainda terá folhas em um primeiro momento, porém acabará murchando e se desintegrando. Assim é com a unção. O impulso de outros dons em nós pode nos fazer pensar que ainda temos a unção da qual desfrutávamos ontem. Mas você pode escrever isto também: nutrir um rancor, tentar punir (prerrogativa de Deus), e tentar dar o troco cortará nossa unção. Cedo ou tarde, isso ficará evidente – a menos que escolhamos perdoar, e perdoar totalmente.

5 Não há comunhão autêntica com o Pai

O que costumamos fazer durante o tempo em que não perdoamos é viver em um mundo de sonhos. Uma pessoa assim está em sono profundo, e você não sabe que está dormindo até acordar. Quando você acorda, diz: "Ah, eu caí no sono!". Quando está em sono profundo, você sonha coisas, e, ao acordar, pensa: "Ora, eu nunca faria aquilo!" – mas você fez em seus sonhos. Então, quando está em sono profundo, faz coisas que não faria se estivesse acordado. Gostaria que este capítulo fosse um "serviço de despertador". Você é como o filho pródigo e recobrará os sentidos (Lucas 15: 17)? Como mencionei no início, é um assunto sério. João diz: "Se dissermos que temos comunhão com ele, e andarmos em trevas, mentimos, e não praticamos a verdade" (I João 1: 6).

Jesus assim disse: "Mas se você não perdoar os pecados dos

homens, seu Pai não perdoará os seus". Há, no entanto, algo terno nestas palavras: *Seu Pai*. Ele ainda é seu Pai, mas caso não perdoe, ele não perdoará os pecados que concernem a sua unção e sua comunhão com ele. Porque ele é um Deus ciumento e quer ser o primeiro na sua vida.

Quando se trata de perdão dos pecados, então, há dois níveis. Um deles é o que chamaríamos de *forense*; refere-se ao que é legal, e é a essência de ser justificado. Deus declara legalmente que somos justos. Esse é o coração da justificação pela fé. É a maneira como Deus nos vê em Cristo. Mas há também a experiência espiritual, e é disso que devemos desfrutar conscientemente. Somos, portanto, não apenas declarados justificados, mas devemos desfrutar de uma experiência espiritual que vem de ser perdoado. E você perde essa experiência quando está em estado de desvio.

Por que Jesus disse: "Mas se você não perdoar os pecados dos homens, seu Pai não perdoará os seus"? Para nos motivar. É um aviso. Todos nós precisamos dele. E, ainda, se uma pessoa não cristã pode ser motivada a perdoar, mesmo que apenas de forma limitada, nós, como cristãos, devemos ser ainda mais motivados pelo Espírito Santo a perdoar – totalmente.

CAPÍTULO

4

Brincando de Deus

Não julgueis, para que não sejais julgados. Porque com o juízo com que julgardes sereis julgados, e com a medida com que tiverdes medido vos hão de medir a vós.

Mateus 7:1-2

Eu poderia levá-lo ao local exato – uma mesa na ala Duke Humphrey da Biblioteca Bodleian, de Oxford. Eu estava em processo de descobrir o grande William Perkins (1558-1602), o puritano elisabetano. Um dia, cheguei muito desanimado, sentindo-me bem inferior aos outros alunos da Universidade de Oxford. Ali estava eu, vindo das colinas do Kentucky, um lugar que não é particularmente conhecido por seus centros acadêmicos de excelência. As palavras "Aqui não é o seu lugar" vieram à minha mente. Pareceu-me uma sugestão muito crível – e, neste momento, meus olhos caíram sobre estas palavras de William Perkins: "Não acredite no diabo, mesmo quando ele disser a verdade".

O diabo estava brincando de Deus naquele dia. Ele adora brincar de Deus, e quer que nos juntemos a ele para brincarmos de Deus.

Mostrando benevolência

Quando Jesus disse: "Sede vós pois perfeitos, como é perfeito o vosso Pai que está nos céus" (Mt 5:48), ele estava preparando o ambiente para um nível de perfeição mais elevado do que muitos cristãos já viram. Portanto, o que vemos nas palavras de Jesus "Não julgue, ou você também será julgado", é um exemplo desta perfeição. Não podemos esperar a perfeição sem pecado, mas é exigido de nós um nível muito elevado de maturidade, se quisermos intimidade com Deus e uma maior unção. Chegar ao ponto onde você para de culpar as pessoas é, de fato, uma conquista muito elevada. Mateus 7:1 reafirma Mateus 5:7, uma das bem-aventuranças: "Bem-aventurados os misericordiosos, porque eles alcançarão misericórdia", porque ser misericordioso é mostrar benevolência. Paulo disse: "Seja a vossa *amabilidade* [grifo meu] conhecida de todos os homens" (Fl 4:5 – *CNBB*); isto deriva de uma palavra grega que significa literalmente ser benevolente: quando você sabe que poderia fazer inúmeras acusações, mas, em vez disso, prefere ser benevolente.

Julgar é o oposto da benevolência. A benevolência é consequência de uma escolha. Então lembre-se: em qualquer momento em que escolher julgar, você não será benevolente. Pois podemos nos conter e escolher sermos misericordiosos.

Este capítulo é um ingrediente essencial no processo do perdão total. O julgar e o não perdoar estão tão intimamente ligados que quase se poderia dizer que julgamos, em parte, porque não perdoamos. Pois quando perdoamos totalmente é surpreendente a rapidez com que a tentação de julgar é removida.

Julgar é crítica desnecessária. É isso que Jesus quer dizer com julgar. Quando Jesus diz, "Não julgueis", não está nos dizendo para não percebermos o que está errado; está, sim, dizendo: "Não administre nenhuma crítica desnecessária, ou seja, críticas desleais ou não justificadas".

Veja este acróstico, que considero útil, construído sobre a palavra NEED*. Ao falar com ou sobre outra pessoa, pergunte-se se o que você está prestes a dizer vai atender à necessidade do outro:

Necessário – É necessário dizer isto?

Encorajar – Isto encorajará? Fará com que a pessoa se sinta melhor?

*N. do T.: NEED, em inglês, significa *necessidade.*

Edificar – Edificará? A pessoa vai se desenvolver e se fortalecer como resultado do que você diria?

Dignificar – Suas palavras dignificarão essa pessoa? Era assim que Jesus tratava as outras pessoas; dava-lhes um senso de dignidade.

Críticas desleais ou não justificadas, mesmo sendo verdadeiras, não são o que devemos dizer. O fato de que aquilo que você pode dizer seja verdade não significa que seja certo dizê-lo. Muitas vezes, as acusações de Satanás são verdadeiras; ele é especialista em ser juiz. O diabo adora brincar de Deus, ele é chamado de "acusador de nossos irmãos"(Ap 12:10). Por isso, nunca esquecerei as palavras de William Perkins: "Não acredite no diabo, mesmo quando ele disser a verdade". Você pode acusar as pessoas e estar dizendo a verdade, mas possivelmente está sendo um instrumento do diabo enquanto fala.

Julgar vem da palavra grega *krino*, que significa, basicamente, *fazer distinção*, algo normalmente bom de se fazer. Saber discriminar pode ser prudente; pode ser sábio. O apóstolo Paulo disse: "Mas o que é espiritual discerne bem tudo" (I Co 2:15). Somos ensinados a fazer julgamentos justos, mas Jesus está falando aqui sobre julgar as *pessoas* e fazer críticas injustas. É nossa forma de brincarmos de Deus.

Talvez lhe interesse saber que eu provavelmente trabalhei mais intensamente e por mais tempo neste capítulo do que em qualquer outro capítulo de qualquer livro que já escrevi! Comecei a trabalhar nele em 22 de novembro de 1987. Naquela noite, o Espírito Santo como que me atingiu em cheio, e falou-me de uma forma que eu não conseguiria explicar totalmente aqui, mesmo que tentasse. Era Lucas 6:37, que diz: "Não julgueis e não sereis julgados". Tomei uma decisão, há muitos anos, de ler Lucas 6:37 todos os dias. Ainda leio – todos os dias. Mesmo já tendo memorizado, abro na página e leio-o, porque, às vezes, um versículo – embora memorizado – tem um efeito mais profundo quando lido. Se você perguntar: "Por que você o lê todos os dias?", eu responderia que é porque julgar é, provavelmente, minha maior fraqueza.

No entanto, optei por Mateus 7:1 para este livro, porque Jesus entra em mais detalhes aqui. Jesus nos deu estes versículos exatamente pela mesma razão de sua advertência sobre não perdoar: isso entristece o Espírito Santo.

Julgar assim é quase sempre contraproducente. Então, quando julgo, talvez pense, "O que quero fazer é mudar essa pessoa, endireitá-la". Porém, o efeito acaba sendo o oposto, na maioria das vezes! Mais cedo ou mais tarde, o tiro sai pela culatra. Ofende a outra pessoa; realmente não ajuda. Jesus, portanto, deu-nos estas palavras, em parte, para que possamos ver que julgar é quase sempre contraproducente.

Nosso grau de resistência à tentação de julgar será o grau em que nós mesmos seremos amplamente poupados de sermos julgados: "Não julgueis, para que não sejais julgados". Em Mateus 7:1, isto é dado como um aviso justo, mas, em Lucas 6:37, é colocado como uma promessa real: "Não julgueis, e não sereis julgados. Não condeneis, e não sereis condenado. Soltai, e soltar-vos-ão" (Lc 6:37).

Ser crítico dos outros

Evite distribuir críticas, e você escapará de ser criticado. Ser julgado é doloroso, seja de modo totalmente falso ou totalmente verdadeiro. Quando somos criticados, não gostamos; é doloroso, machuca. É difícil dizer qual dos dois é mais doloroso: ser falsamente acusado ou ser acusado quando é verdade. De qualquer forma, não gostamos.

Jesus trata nossa tendência a julgar apelando novamente para nosso interesse próprio. Mas isso não deve nos surpreender; muitas vezes, Deus faz isso. Ele nos motiva com a ideia do que temos a ganhar se fizermos, e do que ganhamos se não fizermos. Portanto, Jesus ajuda-nos logo de início, utilizando a palavra grega *hina* que significa *propósito*. Ela geralmente é traduzida como *a fim de que*, e isto está implícito na tradução da *Bíblia KJV*: *Judge not, that ye be not judged* (em português: *Não julgue, para que você também não seja julgado*).

Então, o que Jesus fez por nós foi nos dar uma razão pragmática para não julgarmos. Em outras palavras, se você não gosta de ser julgado, então pare de julgar. Isso apela óbvia e imediatamente ao nosso interesse próprio.

Esta é a melhor maneira de fazer amigos. O livro de Dale Carnegie, *Como fazer amigos e influenciar pessoas*, é, em grande parte, baseado nos ensinamentos de Jesus (mesmo tendo "separado o fruto da raiz"), e ele os colocou em um imenso curso prático. Baseia-se, parcialmente, no Sermão da Montanha. Não é um livro cristão, e Dale Carnegie conseguiu manter a devoção fora dele, mas ainda se pode ver o bem que viria se vivêssemos dessa forma.

Não gostamos de ser julgados. Como Somerset Maugham disse certa vez: "Quando as pessoas pedem críticas, na verdade, querem elogios". Antes de você ler este livro, pode ter certeza de que meus amigos mais próximos o terão visto primeiro. E por mais que eu aprecie suas palavras amáveis, sinto que preciso de suas críticas. Mas elas machucarão um pouco – pois todos nós adoramos elogios!

Deus poderia me fazer todas as condenações possíveis a qualquer momento. Mas talvez ele não vá fazê-las, até que me veja culpando outra pessoa. Deus dirá: "Sinto muito, R. T., mas tenho de intervir e dar um jeito em você. Você já devia saber". Deus é quem cuidará para que eu seja julgado.

É tão fácil criticar. Não é preciso ler um livro sobre como desenvolver sua capacidade de condenar. Não é preciso ter mais estudos ou um QI elevado; não é preciso muita experiência para ser bom nisso, e julgar certamente não é sinal de que você é mais espiritualizado. Já foi dito muitas vezes que um pouco de aprendizado é uma coisa perigosa. Às vezes, um pouco de espiritualidade é uma coisa perigosa, porque a pessoa pode ser apenas espiritualizada o bastante para ver o que está errado – e você quer apontar o erro. E, no entanto, você não é espiritualizado o bastante para não apontar o erro! É tão fácil julgar. Isso flui do fundo de nossa espiritualidade, mas flui de uma falha em nossa caminhada com Cristo. Você pode dizer, "Bom, tenho de dizer algo, senão ninguém dirá!". E se esta última parte for verdade? As pessoas ainda não querem ouvir, não estamos realmente ajudando. Elas se sentem piores, mas continuamos a fazê-lo. A palavra de Jesus é um comando prático. *Pare com isso!*, diz Jesus. O que importa para Deus é a vontade de acusar:

Se tirares do meio de ti o jugo,
O estender do dedo, e o falar iniquamente;
E se abrires a tua alma ao faminto,
e fartares a alma aflita; então a tua luz nascerá nas trevas,
e a tua escuridão será como o meio-dia.

(Isaías 58:9-10)

O que pode nos motivar a não julgar é o seguinte: considere o ambiente agradável em que você vive quando ele é desprovido de críticas. Como é bom e agradável quando todos vivemos em harmonia (Sl 133:1)! É tão doce, é tão bom. Depois, considere a dor que advém de ser crítico. Então, se você não gosta de ser criticado, não critique! Não digo que nunca seremos criticados, mas podemos ser poupados de muito sofrimento pelo controle da língua.

Bênçãos falantes surgem destas palavras: "A vossa palavra seja sempre agradável, temperada com sal, para que saibais como vos convém responder a cada um" (Cl 4:6), e "Não tornando mal por mal, ou injúria por injúria; antes, pelo contrário, bendizendo; sabendo que para isto fostes chamados, para que por herança alcanceis a bênção" (I Pe 3:9). Jesus disse mesmo: "Mas eu vos digo que de toda a palavra ociosa que os homens disserem hão de dar conta no dia do juízo" (Mt 12:36). Isso é suficiente para que eu morra de medo!

Críticas desnecessárias pedem uma reação defensiva que normalmente leva a um contra-ataque. Então, se eu julgar você por isto, você imediatamente dirá: "Sim, mas e você? Eu vi você fazer isto, eu ouvi você dizer aquilo!" "Ah, eu não disse?", "Ah, disse, sim!"... tudo quase sempre contraproducente. E também chama a atenção de Deus. A *Today's English Version** traduz assim este versículo: *Do not judge others so that God will not judge you* (em português: *Não julgue os outros, para que Deus não julgue você*). porque é exatamente isso que Jesus está ensinando. É Deus quem cuidará dos julgamentos. Seu juiz imediato pode muito bem ser aquela pessoa que retruca, mas isto pode ser Deus em ação ali mesmo, deixando que ela lhe dê uma boa resposta.

* N. do T.: A *Today's English Version* é uma tradução da Bíblia pela *American Bible Society*, publicada pela primeira vez com o nome *Good News For the Modern Man*, em 1966.

De acordo com Jesus, essa consequência dolorosa é justa. Pois se alguém nos julga porque nós o julgamos, estamos recebendo o que merecemos. Eles podem não ter merecido o que lhes demos, mas nós merecemos o que eles nos deram, que veio apenas por uma falta de controle da língua de nossa parte.

Existem dois níveis de motivação para a aplicação destas palavras: "Não julgueis para que não sejais julgado". O primeiro é o nível mais baixo – o interesse próprio. Jesus realmente apela ao nível mais baixo, porque ele apela ao nosso interesse próprio. Portanto, não é ruim ser motivado por isso, porque Jesus o incentivou. Mas há um nível mais alto também: evitar entristecer o Espírito Santo. Quando entristecemos o Espírito, perdemos presença de espírito, o pensamento claro, e podemos perder o autocontrole. A vida pode tornar-se um pandemônio: "A língua também é um fogo; como mundo de iniquidade, a língua está posta entre os nossos membros, e contamina todo o corpo, e inflama o curso da natureza, e é inflamada pelo inferno" (Tg 3:6). Tudo por causa daquele comentário crítico.

Assim, o nível mais baixo de motivação é: poupe a si mesmo de problemas desnecessários. O nível mais elevado é: não entristeça o Espírito Santo, para que você possa ter comunhão constante com ele, possa fluir no Espírito, andar no Espírito. É o melhor sentimento do mundo.

Nada disto quer dizer que não devemos criticar nunca, como veremos em detalhes mais adiante. Depende do que é o nosso espírito, do que está por trás dele. O julgamento contra o qual Jesus adverte é a crítica injusta. Portanto, Jesus não nos chama a colocar nossas faculdades críticas em suspenso. É uma questão de atitude.

O ciúme

Tantas e tantas vezes, é apenas o ciúme – além de um espírito impiedoso – que exige que outra pessoa seja posta em seu lugar. Aqui, estamos falando sobre a essência do ciúme: queremos que outra pessoa ganhe seu castigo. Queremos ser capazes de dizer: "Eu bem que avisei!". Então, por que julgamos e distribuímos críticas desnecessárias? Possivelmente porque nos ressentimos do fato de essa pessoa não ser vista como deveria ser. Eles são populares e não merecem ser populares. Ressentimo-nos por eles serem admirados. Eles não deveriam ser estimados – se ao menos as pessoas os conhecessem!

Alguns anos atrás, Rob Parsons, diretor executivo da *Care for the Family*, estava em uma crise profunda. Ele estava pior do que jamais estivera. Era uma manhã de domingo, e Rob ouviu batidas na porta. Ali estava David Pawson, que disse a Rob: "Isto também passará, e a verdade é pior do que o que as pessoas sabem". Palavras profundas.

Lembre-se de que o que é verdade a meu respeito e a seu respeito é realmente pior do que aquilo que as pessoas sabem! Mas Deus sabe. E no momento em que apontamos o dedo a alguém, podemos pensar apressadamente, "Ele teve o que merecia".

Assim, se você quiser convidar Deus a se envolver em sua vida, ele se envolverá. Mas não de uma forma muito feliz, neste caso, pois no momento em que você aponta o dedo a outra pessoa, é como se Deus dissesse: "Humm. Agora tenho trabalho a fazer". Ele pode muito bem ir atrás de você – e não deles – para julgar. É assim que é. É isso que Jesus está dizendo. Então, se eu me ressinto por outra pessoa ficar impune de algo, é porque tenho ciúme de estarem recebendo misericórdia quando deveriam receber justiça.

O ciúme é a coisa mais difícil do mundo de se ver em si mesmo. Consigo vê-lo em você, mas não em mim! Nós o negaremos enquanto pudermos. Não queremos admitir uma falha como essa; não queremos admitir tamanha insegurança. Por isso, nós a negamos. Mas é só uma questão de tempo até que possamos vê-la. Talvez não a vejamos hoje ou amanhã, mas um dia veremos a verdadeira razão pela qual acusamos: o ciúme, o ressentimento por outra pessoa ficar impune pelo que fez; por pessoas serem admiradas; por não receberem o castigo que merecem e não serem descobertas.

A inveja às vezes brota do receio de que uma pessoa não receba justiça. Nós todos queremos misericórdia para nós, mas justiça para os outros!

Natã e Davi

A razão de querermos julgar outra pessoa é geralmente porque o caso nos envolve; ficamos irritados e agitados, e acabamos por nos envolver emocionalmente. Mas também podemos apenas ouvir a respeito de algo que nos incomoda – que apela à nossa hipocrisia – e ficarmos igualmente envolvidos emocionalmente. Foi isso que aconteceu quando o profeta Natã veio a Davi.

Dois anos antes, Davi havia cometido adultério e assassinato. Mas Natã não foi a Davi um dia após Bate-Seba ficar grávida, ou na semana após o hitita Urias ser morto. Então, como passou dois anos sem ser apanhado, Davi deve ter pensado: "Não vou ter problemas com isso!". Então, inesperadamente, aparece o profeta Natã, como que do nada:

– Davi, preciso lhe dizer algo!

– Natã, entre! –, disse Davi. – Entre!

Natã conta uma parábola, e então chega ao desfecho: "E, vindo um viajante ao homem rico, deixou este de tomar das suas ovelhas e das suas vacas para assar para o viajante que viera a ele; e tomou a cordeira do homem pobre, e a preparou para o homem que viera a ele" (II Sm 12:4).

Davi fumegou de raiva e pronunciou uma sentença sobre esta grave injustiça. Os anjos também ouviram. A sentença foi: "Vive o SENHOR..." – é uma linguagem forte, é a expressão de um juramento – "...que digno de morte é o homem que fez isso. E pela cordeira tornará a dar o quadruplicado, porque fez tal coisa, e porque não se compadeceu" (II Sm 12:5-6).

Natã disse: "Tu és este homem!".

Bem, é isso que acontece. Davi não suportou a ideia de que o viajante recebesse a cordeira do homem pobre, e que o homem rico não fosse punido, então disse que o homem rico deveria sofrer justiça, e esse foi seu decreto. Ele não sabia que, naquele momento, pronunciara uma sentença sobre si mesmo, e a própria questão de negar misericórdia saiu pela culatra contra Davi, de modo que justiça foi exatamente o que ele ganhou. Natã prosseguiu, mostrando a Davi que ele acabara de declarar, assim, sua própria sentença: "Agora, pois, não se apartará a espada jamais da tua casa" (II Sm 12:10). É isso que Jesus está nos dizendo.

Julgar é prerrogativa de Deus

Julgar as pessoas é forçar a entrada em território exclusivo de Deus, e isso é algo que ele não tolera. Deuteronômio 32:35 é citado duas vezes no Novo Testamento: "Minha é a vingança; eu recompensarei" (Rm 12:19; Hb 10:30). Significa que não é você quem faz isso. *Esse privilégio é meu*, diz Deus. Julgar é prerrogativa de Deus; não é de mais ninguém. Quando nos intrometemos em seu território, Deus nos olha e diz: *É mesmo?* Então, somos nós que acabamos sendo julgados, não as pessoas que julgamos! Ainda que cheguemos a expor essa pessoa, derrubando-a, ou arruinando sua imagem, ou fazendo-a sentir-se péssima e horrível a ponto de ela admitir: "Sim, é verdade, é verdade, eu sinto muito, sinto muito!", podemos pensar que ganhamos a batalha. Mas Deus ganhará a guerra e nos julgará. É só uma questão de tempo.

O que Jesus quer dizer é que intrometer-se no território do Juiz Eterno é chamar sua atenção, e não queremos chamar sua atenção dessa forma. Jesus nos dá o princípio, um princípio muito simples: a medida com a qual você julgar será a forma como o julgamento será aplicado. Da mesma forma como julgamos os outros, seremos julgados; a medida que usamos será medida para nós.

Ser juiz é um aspecto do caráter de Deus que você e eu não temos permissão de imitar. Somos ensinados a nos espelhar em Deus. Você diz: "Bem, então vou ser juiz – ele é juiz, vou ser juiz também". Não é assim. Não é isso que Deus quer dizer quando fala que quer que sejamos como ele. Há certos aspectos do caráter de Deus em que temos obrigação de ser como ele. Por exemplo, "Sede santos, porque eu sou santo" (I Pd 1:16). Temos uma obrigação de viver vidas santas. "Sede, pois, misericordiosos, como também vosso Pai é misericordioso" (Lc 6:36). E temos a obrigação de não julgar, mas mostrar misericórdia. Deus quer que andemos na integridade. Ele quer que andemos na verdade e na sinceridade. Mas há um aspecto do caráter de Deus em que *não se permite intromissão*, e no momento em que cruzamos o limite e começamos a apontar o dedo e acusar, erramos. Por exemplo, se me refiro às falhas de outra pessoa, ou a seu passado, ou faço com que ela se sinta culpada, a pessoa com quem falo não vai receber nada parecido com o que vou receber por fazer isto.

Se você e eu formos tolos o suficiente para administrar

críticas desnecessárias, lembre-se de três coisas: Deus está ouvindo; ele sabe a verdade sobre nós, e é implacavelmente justo. Como diz Malaquias: "Então aqueles que temeram ao SENHOR falaram frequentemente um ao outro; e o SENHOR atentou e ouviu; e um memorial foi escrito diante dele, para os que temeram o SENHOR, e para os que se lembraram do seu nome" (Ml 3:16). Eu costumava ouvir no rádio, todos os domingos, um quarteto que cantava no Tabernáculo Fuller, em Long Beach, Califórnia:

> Ele ouve tudo o que você diz; vê tudo o que você faz;
> Meu SENHOR escreve o tempo todo.

Nunca se esqueça de que Deus sabe a verdade sobre nós: "E não há criatura alguma encoberta diante dele; antes todas as coisas estão nuas e patentes aos olhos daquele com quem temos de tratar" (Hb 4:13). Como você se sentiria se, ao apontar o dedo para acusar alguém, um anjo do céu aparecesse bem na hora e lhe dissesse: "Pare! Veja o que eu sei sobre você", e proclamasse tudo o que há para saber sobre você à pessoa que você estava julgando? Deus poderia fazer isso, porque todo o tempo em que você fala, Deus está olhando lá do céu, e os anjos também estão olhando e dizendo: "Não acredito que ele ou ela fale assim com aquela pessoa, com tanto que sabemos sobre ele (ou ela)!".

Davi esqueceu-se, por um momento, do que havia feito. Então Natã veio a ele. Nós também podemos começar a pensar: "Está tudo bem", e "Estou querendo servir o Senhor", e esquecermos como realmente somos. Mas Deus é benevolente. Ele pode ainda nos usar, e, um dia, decidir nos julgar, se não houver arrependimento genuíno. O fato de ele estar usando qualquer um de nós não significa que sejamos perfeitos.

Quem sabe o que Deus ainda me mostrará sobre mim mesmo que eu ainda nem sequer tenha pensado a respeito – ou de que até já me esqueci? Deus sabe tudo sobre nós. Ele tem o suficiente sobre nós para nos enterrar. Como eu disse, todos temos vergonhas secretas, e Deus conhece cada uma delas, a maioria das quais talvez tenhamos esquecido. Quanta audácia a nossa em julgar outra pessoa, quando Deus sabe tanto sobre nós! Ele não gosta. Ele sabe o que pensamos, ele sabe o que já fizemos, ele sabe o que já dissemos.

Aqui estão dois versículos práticos que todos fariam bem em guardar:

> Tampouco apliques o teu coração a todas as palavras que se disserem, para que não venhas a ouvir o teu servo amaldiçoar-te.
>
> (Eclesiastes 7:21)

> Nem ainda no teu pensamento amaldiçoes ao rei, nem tampouco no mais interior da tua recâmara amaldiçoes ao rico; porque as aves dos céus levariam a voz, e os que têm asas dariam notícia do assunto.
>
> (Eclesiastes 10:20)

Deus sabe como fazer com que sejamos expostos, apanhados e descobertos logo quando pensávamos: "Não é possível que isso me aconteça". Quando isso acontece? É promessa do Senhor que o julgamento equitativo será administrado. A palavra *equitativo* significa o que é direito, o que é justo. Todos os juízos de Deus são implacavelmente justos. Um dia, todos havemos de comparecer diante do banco de Cristo para julgamento e, pela primeira vez na história da humanidade, haverá julgamento justo. Não há um só dia em que não ouvimos dizer que um tribunal absolveu alguém, e dizemos: "Onde está a justiça?". Mas a forma como Deus obtém justiça é impressionante. A questão é: é aqui nesta vida, ou é na vida que virá? O antigo padre grego Crisóstomo disse que é na vida por vir. Pois Paulo disse: "Porque todos devemos comparecer ante o tribunal de Cristo, para que cada um receba segundo o que tiver feito por meio do corpo, ou bem ou mal" (II Co 5:10). "Mas tu, por que julgas teu irmão? Ou tu, também, por que desprezas teu irmão? Pois todos havemos de comparecer ante o tribunal de Cristo" (Rm 14:10).

Por outro lado, Deus toma providências com relação às pessoas nesta vida, se elas estão salvas. Paulo disse, em I Coríntios 11: 30: "Por causa disto há entre vós muitos fracos e doentes, e muitos que dormem". O caso é que Deus nem sempre espera o julgamento final. Deus pode escolher qualquer dia do ano e torná-lo um dia de julgamento.

Talvez você já tenha dito: "Bem, eu consegui me safar!". Talvez Deus tenha fechado os olhos a isto. É possível, uma vez que ele não tomou providências conforme nossos pecados nem nos retribuiu segundo nossas iniquidades (Sl 103:10). Mas, por outro lado, pode ser que Deus esteja tão irritado que tenha decidido esperar. Deus é o oposto de nós. Pelo menos, ele é o oposto de mim. Pessoalmente, vejo que quanto mais fico irritado, mais rápido tomo providências. Com Deus, quanto mais furioso ele fica, mais espera.

Mas por que Deus faz isso? Qual a razão de todas essas coisas? Porque Deus é pela vítima; esse é um tema que percorre toda a Bíblia. Deus abençoa aqueles que são pelo prejudicado, e julgará aqueles que negligenciam o prejudicado.

CAPÍTULO

5

Quando é certo julgar

E por que reparas tu no argueiro que está no olho do teu irmão, e não vês a trave que está no teu olho? Ou como dirás a teu irmão: 'Deixa-me tirar o argueiro do teu olho', estando uma trave no teu? Hipócrita, tira primeiro a trave do teu olho, e então cuidarás em tirar o argueiro do olho do teu irmão.

Mateus 7:3-5

O objetivo deste capítulo é examinar a possibilidade de termos de fazer uma tentativa de ajudar a corrigir o comportamento de alguém. Ouvindo a linguagem forte de Mateus 7: 1, "Não julgueis, para que não sejais julgados", pode-se concluir que *nunca* deve haver uma situação em que façamos um juízo em relação ao outro. Mas isto não é bem assim. Jesus deixa a porta entreaberta, mesmo que seja apenas entreaberta, quando diz: "... tira primeiro a trave do teu olho, e então cuidarás em tirar o argueiro do olho do teu irmão". Este versículo, olhado com atenção, *fornece* brecha para julgar – em alguns casos.

Há uma razão para isso. Às vezes, é absolutamente certo alertar uma pessoa sobre alguém. Por exemplo, o apóstolo João, que tem muito a dizer sobre amar um ao outro, alertou sobre um encrenqueiro na Igreja (III João 9-10). Paulo teve de relatar que Demas o abandonou porque "amava este mundo", e Alexandre, o ferreiro, causou um dano real, mas Paulo acrescentou: "Que isto não lhes seja imputado", referindo-se a todos aqueles que o abandonaram (II Tm 4:9-10).

Quando é correto corrigir o comportamento

Por que este capítulo é importante? Não porque há exceções à regra, mas porque, às vezes, é injusto com o mundo em geral, e com a Igreja em particular, que certas pessoas que podem fazer um grande mal permaneçam à vontade. É por isso que uma pessoa estuprada deve testemunhar no tribunal; é por isso que se deve tomar providências sobre uma pessoa que ameace a unidade da Igreja. Há muitos tipos de casos que poderiam ser mencionados, mas o que devemos fazer neste capítulo é mostrar os princípios básicos que devem ser seguidos e aplicados sem violar o espírito dos sete princípios do perdão total.

Encarar primeiro nossas próprias falhas

Jesus introduziu esta questão de ter de administrar a justiça com uma pergunta: "E por que reparas tu no argueiro que está no olho do teu irmão, e não vês a trave que está no teu olho?" (Mt 7:3). Uma vez que Jesus dirigiu isto à Igreja, não deveria nos surpreender que muitas de nossas brigas venham de dentro da família de Deus. É por isso que a referência é ao "olho de teu irmão", o que significa um irmão ou irmã espiritual, não um parente natural. Este versículo mostra bem abertamente como tendemos a deixar que pequenas coisas de outra pessoa nos perturbem – um "argueiro" (cisco) – esquecendo tão facilmente as grandes coisas negativas em nossas vidas: a "trave". Essa falta de objetividade sobre nós mesmos nos desqualifica a sermos úteis. É um ingrediente vital na questão de estar qualificado para julgar. Quando perdemos a objetividade sobre nós mesmos, vendo apenas o cisco nos outros, mas não a trave em nossos próprios olhos, devemos nos reconhecer como incapacitados para corrigir outra pessoa.

Procurar falhas, portanto, não está certo. A pergunta retórica de Jesus, "E por que reparas tu no argueiro que está no olho do teu irmão, e não vês a trave que está no teu olho?", refere-se a intrometer-se naquilo que *pisa no calo*. A falha que vemos é o que Jesus chama cisco. Isso nos irrita, mas o tempo todo não vemos nosso próprio (e muito sério) problema. Isso mostra uma absoluta falta de objetividade sobre nós mesmos. Pois a causa da procura de falhas, ou da intromissão, é a trave que temos nos próprios olhos e não vemos. *Trave* é o nome que Jesus dá ao que está errado conosco; é o pecado em nós, prova de nossa natureza decaída. É o que nos deixa ávidos por acusar em vez de perdoar.

A trave em nós provoca *visão fraca*; Ela amplia o cisco na outra pessoa, mas, simultaneamente, também nos cega para nossas próprias faltas! A trave em nós focaliza-se na fraqueza da outra pessoa, aumentando-a, para que ela nos pareça muito pior do que realmente é. Mas, na realidade, é a nossa própria fraqueza em ação: simultaneamente aumentando (as falhas dos outros) e cegando-nos (aos nossos próprios defeitos).

Jesus quer que enxerguemos que temos um problema pior do que o da outra pessoa quando somos críticos e apontamos o dedo para acusar. O próprio ato de procurar falhas é pior do que a falha que pensamos que vemos no outro. Portanto, antes que Jesus proporcione esta pequenina brecha pela qual podemos fazer uma correção em outra pessoa, ele quer estabelecer o critério para fazer essa correção; quando perdemos a objetividade sobre nós mesmos, nos distanciamos de ser juízes qualificados. Porque, se realmente enxergarmos a trave em nosso próprio olho – tendo assim a objetividade sobre nós mesmos –, não olharemos com agitação o cisco no olho da outra pessoa.

A questão que se segue: procurar falhas é a trave em nosso olho, ou a trave é algum outro pecado em nossa vida? A resposta é: ambos.

Jesus elabora sobre isto ao perguntar, "...Ou como dirás a teu irmão: 'Deixa-me tirar o argueiro do teu olho', estando uma trave no teu?" (Mt 7:4). O objetivo desta pergunta direta é nos despertar e mostrar como estamos desqualificados para julgar quando nossa própria casa não está em ordem. Pois a causa básica da procura de falhas é a trave em nosso próprio olho. Quando Jesus pergunta: "Como dirás a teu irmão...?", sem dúvida, alguns responderiam: "Vou lhe mostrar!". Mas ele pressupõe que somos pessoas racionais e sensatas, que imediatamente enxergariam a incoerência da intromissão nos assuntos dos outros. Ele, assim, assegura que enxergaremos o caráter não razoável da intromissão.

Como veremos, o pressuposto, portanto, é este: se não tivéssemos traves em nossos olhos, não seria despropositado oferecer ajuda. Mas quando temos a trave e ainda nos intrometemos, nossa culpa é muito pior do que a deles. A intromissão sempre vem sem ser convidada, e, quase sempre, não é bem-vinda.

Como se comportar se alguém nos critica

E se, a propósito, alguém se intrometer em sua vida? Qual deve ser a resposta? Em primeiro lugar, mantenha um espírito doce. Nunca se esqueça: "A resposta branda desvia o furor, mas a palavra dura suscita a ira" (Pv 15:1). Em segundo lugar, concorde com eles. Fazer isso nunca machuca. Geralmente há um pouco de verdade no que um crítico diz a nós ou sobre nós. Você sempre pode dizer: "Entendo o que você quer dizer". Em terceiro lugar, agradeça. Isto não apenas desarmará o outro se ele estiver irritado, mas também permitirá que salve a própria imagem, se ele não estiver jogando limpo. Assim, acabamos não fazendo inimigos desnecessariamente no processo. O que nunca devemos fazer ao sermos confrontados dessa forma é nos defender ou tentar convencer os outros de como somos bons ou de quanto estamos certos; e nunca punir. Nunca ir à forra. Nunca prejudicar a imagem dos outros. Peça-lhes que orem por você! Mas diga isso de forma não combativa. Nunca diga sarcasticamente. Diga com sinceridade: "Preciso de toda a ajuda que eu puder conseguir". Enquanto isso, você sempre pode orar por eles. Mas não lhes diga isso; irá irritá-los. Os princípios do total perdão devem nos permitir fazer amigos, e não perdê-los.

Jesus não nos permite brincar de Deus. Ele é o Juiz Supremo, e devemos ser extremamente cuidadosos para não invadir seu território. Vale lembrar, também, que o julgamento que Jesus proíbe é a crítica injusta. Jesus diz que somos hipócritas se nos empenharmos neste tipo de julgamento: "Hipócrita, tira primeiro a trave do teu olho, e então cuidarás em tirar o argueiro do olho do teu irmão" (Mt 7:5).

Momentos em que nos é *permitido* julgar

Chegamos agora à *brecha*, pois considero que seja um julgamento – com a aprovação divina – em certo sentido. A palavra *brecha* normalmente se refere a uma forma de escapar de uma regra ou contrato, especialmente através de uma omissão ou formulação inexata de suas disposições. No entanto, neste caso, é Jesus que estabelece as regras e também fornece a brecha – com uma formulação exata.

Mas Jesus nos diz que estamos qualificados para julgar, afinal? Sim, às vezes. Vimos que a trave em nosso olho desqualifica-nos de julgar, uma vez que nos deixa cegos a nossas próprias faltas e amplia o defeito no outro. Por outro lado, caso consigamos eliminar esta trave, então, aparentemente, ficamos livres para tirar o cisco dos olhos do outro.

No entanto, há uma pergunta óbvia: Jesus começa dizendo: "Não julgueis, para que não sejais julgados" (Mt 7:1) e depois conclui, dizendo: "... tira primeiro a trave do teu olho", e então você pode julgar, afinal, com certas condições anexas?

Devemos ter cuidado aqui. Algumas pessoas sem qualquer objetividade sobre si mesmas afirmam ser juízes qualificados, partindo da premissa de que não têm trave alguma! Já conheci pessoas capazes de olhar você nos olhos e, de cara séria, reivindicar o direito de julgar, porque se livraram de suas traves anos atrás!

Em outras palavras, dizem alguns, para qualificar-se como juiz, basta dizer: "Não tenho trave em meu olho, portanto, estou qualificado a corrigir você". E se você os questionar, será acusado de julgar!

Devo acreditar, então, que Jesus estimula alguns a julgar com base em não mais terem trave nos olhos? Se assim for, estamos de volta à estaca zero; todos nós podemos voltar a apontar o dedo e acusar, com base em já termos removido as traves!

Estamos agora naquela que é, discutivelmente, a etapa mais delicada deste livro. Por quê? Porque todos nós enfrentamos situações injustas todos os dias. A questão é: por quanto tempo você tolera ofensas? Certamente, no entanto, as pessoas tirarão vantagem desta *brecha*. E, no entanto, há um sensação dentro de você de que alguém precisa falar. Mas dizem-nos para não julgar. Dizem-nos para perdoar. Jesus chegou mesmo a dizer: "Eu, porém, vos digo que não resistais ao mal; mas, se qualquer te bater na face direita, oferece-lhe também a outra" (Mt 5:39).

Então, é certo que jamais podemos julgar?

De acordo com Mateus 7:5, podemos, aparentemente, julgar o outro se não tivermos trave alguma. Mas quem é ousado o suficiente para dizer que não tem trave? Eu certamente não sou! Quando eu leio Jeremias 17:9, concluo que é uma descrição adequada de mim... "Enganoso é o coração, mais do que todas as coisas, e perverso; quem o conhecerá?" Quando Paulo diz que não há coisa boa alguma em sua carne (Rm 7: 18), não há como não dizer, *sou eu também*. Quando ele diz: "Esta é uma palavra fiel, e digna de toda a aceitação, que Cristo Jesus veio ao mundo, para salvar os pecadores, dos quais eu sou o principal" (I Tm 1:15), às vezes fico inclinado a dizer: "Isso podia ser verdade na época, mas agora, com certeza, sou eu o principal pecador". Portanto, se preciso estar certo de não haver trave em mim para poder oferecer qualquer tipo de correção a alguém, ou de avisar sobre uma pessoa que acho má, tenho de dizer, aqui e agora, que estou fora dessa! Eu não estarei entre os qualificados para julgar.

Mateus 7:5 está seguramente dizendo ao menos uma de três coisas: (1) nunca ninguém se livra da trave, portanto, ninguém pode julgar; (2) é possível livrar-se da trave e então – e somente então – é possível ajudar o outro; ou (3) há um caminho a seguir quando alguém se concentra em sua própria trave, e, com autoanulação, oferece correção ao outro de uma forma que ele a receba bem.

Qual é o objetivo de Nosso Senhor com estas palavras? Ele quer nos ajudar em situações diferentes e difíceis. Poderíamos aplicar o princípio do perdão total a tal ponto que deixaríamos estupradores, molestadores de crianças e assassinos fora da prisão, para poderem vagar pelas ruas e fazer mais estragos. Nós poderíamos permitir que os cristãos carnais (sim, eles existem – I Co 3:1) assumissem o controle de uma Igreja e a destruíssem, se tomássemos o princípio do perdão total sem compreender Jesus em Mateus 7:5.

Jesus quer promover a honestidade. Admita que você não está qualificado como juiz, enquanto houver uma trave. Todos nós temos uma trave em nosso olho.

Jesus quer também promover a humildade. Seria o cúmulo da arrogância afirmar que já nos livramos da trave. Isso equivaleria a afirmar-se sem pecado. Mas João disse: "Se dissermos que não temos pecado, enganamo-nos a nós mesmos, e não há verdade em nós" (I Jo 1:8). O principal que Jesus quer é oferecer ajuda e um caminho a seguir. Por favor note: Jesus nunca diz que não devemos ajudar o outro. Ele nunca diz que não devemos ver o que está ali, pois justamente o versículo seguinte do Sermão da Montanha pressupõe que devemos saber discernir: "Não deis aos cães as coisas santas, nem deiteis aos porcos as vossas pérolas, não aconteça que as pisem com os pés e, voltando-se, vos despedacem" (Mt 7:6). Mais adiante, em Mateus, Jesus diz:

> Ora, se teu irmão pecar contra ti, vai, e repreende-o entre ti e ele só; se te ouvir, ganhaste a teu irmão. Mas, se não te ouvir, leva ainda contigo um ou dois, para que pela boca de duas ou três testemunhas toda a palavra seja confirmada. E, se não as escutar, dize-o à Igreja; e, se também não escutar a Igreja, considera-o como um gentio e publicano.
>
> (Mateus 18: 15-17)

Talvez o versículo mais relevante do Novo Testamento seja quando Paulo diz: "Irmãos, se algum homem chegar a ser surpreendido nalguma ofensa, vós, que sois espirituais, encaminhai o tal com espírito de mansidão; olhando por ti mesmo, para que não sejas também tentado" (Gl 6:1).

Concluo que em Mateus 7:5 ("Hipócrita, tira primeiro a trave do teu olho, e então cuidarás em tirar o argueiro do olho do teu irmão."), nosso Senhor está promovendo a honestidade e a humildade, mas está igualmente oferecendo ajuda em situações em que as coisas vão mal. Todos os dias há situações em que algo precisa acontecer, como alguém falar. À luz do versículo anteriormente citado, do Novo Testamento, devemos concluir com certeza que Jesus está dizendo que às vezes é preciso que alguém intervenha e ofereça ajuda; seria irresponsável não o fazer. Há, portanto, um caminho a seguir, e um caminho em que podemos verdadeiramente ajudar a remover, delicadamente, o cisco do olho de nosso irmão ou irmã sem intromissão.

Um olhar mais atento às palavras de Jesus mostra a ordem de prioridade: "... tira primeiro a trave do teu olho". O que nós somos obrigados a fazer primeiro é admitir a trave e chorar. Se você e eu quisermos ajudar uma pessoa em necessidade, ou falar contra a injustiça, nossa primeira prioridade é esclarecer isso em nós mesmos. Isto não significa remover um defeito como um dentista extrai um dente ruim (quem dera fosse tão simples); significa admitir com humildade e sobriedade nossa própria fraqueza. Isso é um passo para ter alguma objetividade sobre nós mesmos. Todos nós pecamos.

Acredito, também, que Jesus coloca diante de nós, muito ostensivamente, um paradoxo. Por exemplo, como poderíamos algum dia eliminar ou remover a trave? Não podemos. Será uma forma irônica de Jesus nos dizer que jamais poderemos ajudar uma pessoa com uma falha, porque nunca poderemos remover essa trave de nossos olhos? Não. Jesus estará ensinando um perfeccionismo sem pecado que poucos conseguem alcançar, e portanto eles, e somente eles, estão qualificados a ajudar as pessoas com falhas? Não.

Ninguém remove a trave em seu próprio olho de maneira absoluta. Se pudéssemos remover absolutamente a trave, estaríamos sem pecado, e até mesmo qualificados para fazer o trabalho de Deus! A verdade é que não; ninguém nunca remove a trave em sentido absoluto. Jesus não está dizendo que a remoção da trave é possível em um sentido total e completo; isso levaria a hipocrisia a florescer mais do que nunca. Pessoas em todos os lugares reivindicam o direito de apontar o dedo e acusar.

Remover a nossa trave de forma limitada

Mas é possível, creio, remover a trave de forma limitada. Por exemplo, tome Gálatas 6:1: "Irmãos, se algum homem chegar a ser surpreendido nalguma ofensa, vós, que sois espirituais, encaminhai o tal com espírito de mansidão; olhando por ti mesmo, para que não sejas também tentado". Digamos que encontrei um irmão que caiu no pecado do adultério. Ele não só cobiçou (o que seria adultério no coração, de acordo com

Mateus 5:28), mas, de fato, dormiu com uma mulher que não é sua esposa. Sinto que alguém tem de se aproximar dele. Estou qualificado? Em um sentido absoluto, não – porque sou pecador também. Na verdade, talvez eu possa me imaginar fazendo o que ele fez – não fosse pela graça de Deus. No entanto, como não estou em um relacionamento adúltero, eu, portanto, removi esta trave em especial de meu olho, em certo sentido. A razão pela qual eu poderia estar qualificado para ajudar é que não estou indo à procura de falhas. Contarei a ele que eu também poderia fazer a mesma coisa. Isso não significa necessariamente que o convencerei a mudar, mas ele pode não se ressentir de minha vinda a ele ou ver-me como intrometido. Ele saberá que eu estou preocupado com sua própria vida e seu estado espiritual, para não falar na honra do nome de Deus.

Alguns anos atrás, dois presbíteros tiveram a tarefa de abordar um homem de sua Igreja que estava em um relacionamento adúltero.

No caminho da casa do homem, um deles disse ao outro: “Você acredita que também poderia cair neste pecado?”. A resposta: “Não”. O presbítero que perguntou então disse: “Você não está qualificado para entrar e abordar este homem”– e a visita foi cancelada. Pois a qualificação essencial é o espírito exigido por Paulo em Gálatas 6: 1: “Irmãos, se algum homem chegar a ser surpreendido nalguma ofensa, vós, que sois espirituais, encaminhai o tal com espírito de mansidão; olhando por ti mesmo, para que não sejas também tentado”. A pessoa que sabe muito bem que poderia fazer a mesma coisa – não fora pela graça de Deus – é a única pessoa qualificada para ajudar um cristão caído.

É por isso que acredito que podemos remover a trave de forma limitada. Não podemos fazer isso de forma absoluta, mas talvez possamos fazê-lo aproximadamente: o suficiente para que possamos nos ver como pecadores, mas não para cometer exatamente o mesmo pecado que estamos tentando corrigir.

Há uma regra prática: quem é mais duro consigo mesmo provavelmente é mais gentil com os outros. Aqueles que estão mais conscientes de suas próprias fraquezas têm mais probabilidade de ajudar os outros. Aquele que não moraliza, mas, sim, incentiva, é o mais qualificado a exercer o ministério da reconciliação e da recuperação. Pois aqueles que querem ajudar de uma forma não julgadora sabem muito bem que têm uma trave e estão conscientes das próprias fraquezas. Essas pessoas são mais propensas a ter sucesso onde outras falham; são mais propensas a ser bem-vindas onde o intruso será indesejado.

Coisas que se seguem, quando lidamos com nossa trave

Estas coisas se seguirão quando uma pessoa já tiver cuidado de sua própria trave, como foi sugerido.

A pessoa que tenta ajudar o outro evitará ficar emocionalmente envolvida, o que significa que ela não terá interesses pessoais na questão. Não ficará agitada ou internamente mexida; a autoestima não entra em questão.

Quando Jesus nos pede para remover a trave em nosso olho, na verdade está nos dizendo que devemos nos desqualificar quando perturbados com a pessoa que tem um cisco! Estamos qualificados a ajudar outra pessoa apenas na medida em que verdadeiramente amamos e nos preocupamos e não nos irritamos com elas. Uma vez que estejamos emocionalmente perturbados, tornamo-nos desqualificados para ser a pessoa que pode ajudar.

Quando há espírito julgador ou crítica injusta, o ressentimento não está longe. Recordemos que a principal maneira de entristecermos o Espírito é o ressentimento. É por isso que Jesus disse: "... tira primeiro a trave". Muitas vezes, há ressentimento lá no fundo, quando tentamos corrigir alguém. Se não houver *ressentimento algum*, talvez possamos ajudar.

Por esse motivo, muitas vezes, uma pessoa desconectada com a situação é quem tem mais capacidade de ajudar. Eu não digo que esta seja a única pessoa que pode ajudar, pois o perdão total significa uma ausência de ressentimento, e aquele que perdoou totalmente pode ser de fato muito útil. Mas será uma pessoa não pessoalmente envolvida aquela que poderá remover delicadamente um cisco do olho do outro.

Essa pessoa, além disso, será solidariamente distanciada. Isso significa que há solidariedade sem qualquer preconceito ou envolvimento emocional. Qualquer profissional – advogado, médico, acadêmico ou clérigo – deve manter um distanciamento solidário em seu trabalho. O advogado é solidário com todos os clientes, mas não pessoalmente envolvido a ponto de perder o sono. O ministro ou o médico é solidário com aquele que chama seus conhecimentos, mas nunca fica tão preso que não possa dar um julgamento racional.

Ser solidariamente distanciado significa que você se preocupa com a pessoa que quer ajudar, mas que não está fixado ou obcecado por ela. Uma pessoa que tenha uma séria fraqueza sexual, por exemplo, quase certamente não será capaz de ajudar a pessoa que vem a ela com o mesmo problema. Remover a trave significa que você pode realmente ajudar essa pessoa, porque você é solidário e não vai lhe impor suas dificuldades emocionais.

Qualquer orientação que se preze será conduzida por alguém simultaneamente solidário e distanciado. Às vezes, o aconselhamento matrimonial é o único caminho, pois marido e esposa não conseguem ser nem solidários um ao outro, nem distanciados, mas, em vez disso, estão até as orelhas com a *bagagem emocional*. Em outras palavras, a imparcialidade é necessária para que um conselheiro ajude um casamento em dificuldades.

A pessoa qualificada para tirar o cisco é, portanto, imparcial. Isso significa que ele ou ela não será moralizador(a), fazendo a pessoa sentir-se culpada, ou talvez sentir-se guiada por algum interesse pessoal. A única consideração será a honra do nome de Deus.

Uma pessoa que seja neutra, mas compassiva, provavelmente será bem-vinda – e também será eficaz. É por isso que não serei capaz de ajudá-lo com seus problemas se fico irritado por você ter um problema nessa ou naquela área. Minha irritação significa que devo recusar a oportunidade de ajudar você. Eu não seria capaz de ajudar.

Jesus nunca nos diz como remover a trave de nosso próprio olho, provavelmente porque tal remoção não é possível no sentido absoluto. Mas prestar atenção suficiente em nossa própria trave ajuda a nos impedir de acusar ou de interferir; tampouco violaremos as palavras de Jesus que abriram esta discussão: "Não julgueis, para que não sejais julgados" (Mt 7:1).

Quando *não podemos* ajudar o outro

Em suma, creio que existem alguns princípios objetivos que resumem o que Jesus quis dizer em relação a situações em que é direito julgar e situações em que é errado. Você se exclui quando:

1 está aborrecido porque algo ou alguém o tira do sério. Em outras palavras, quando estiver perturbado, fique de fora;
2 você está pessoal ou emocionalmente envolvido, embora haja uma injustiça – a não ser, é claro, que você seja chamado a depor ou dar pareceres;
3 seu desejo é punir ou ir à forra;
4 há inveja ou ciúme; e
5 sua própria autoestima está ligada ao assunto em questão.

Quando *podemos* ajudar o outro

Você é capaz de ajudar quando:

1 está atendendo a uma necessidade – lembrar do acróstico (NEED) no começo do capítulo;
2 for irresponsável de sua parte não falar, ou inapropriado não se envolver, porque você está em posição estratégica de ajudar;
3 você foi solicitado a intervir por uma pessoa responsável que não tenha interesses pessoais;
4 você está totalmente imparcial e não sente agitação nem tem a sensação de estar irritado; e
5 nada lhe interessa mais do que a honra de Deus. Mas tenha cuidado – muitos usam isto como justificativa. Um dia você descobrirá se era realmente a honra de Deus que lhe importava – ou apenas a sua!

CAPÍTULO

6

A arte de perdoar a nós mesmos e esquecer

Se confessarmos os nossos pecados, ele é fiel e justo para nos perdoar os pecados, e nos purificar de toda a injustiça.

I João 1:9

O capítulo do amor da Bíblia, I Coríntios 13, é uma demonstração perfeita de causa e efeito do perdão total. O ponto alto desta passagem maravilhosa é esta frase no versículo 5: o amor "não leva em conta o mal sofrido" (I Co 13:5 – *CNBB*). A palavra grega com o particípio negativo é *logezetai*, que significa não contar ou imputar. Essa palavra é importante para a doutrina de Paulo da justificação pela fé. Para a pessoa que acredita, tal fé é "imputada" como justiça (Rm 4:5), a mesma palavra grega de I Coríntios 13:5. Ela é empregada de forma oposta em Romanos 4:8, novamente usando a mesma palavra: "Bem-aventurado o homem a quem o Senhor não imputa o pecado". Portanto, não levar em conta, imputar ou contar os erros de alguém é fazer por essa pessoa o que Deus faz por nós: a saber, não reconhecer o pecado dela. Aos olhos de Deus, seu pecado não existe mais. Assim também conosco, quando perdoamos totalmente.

Os perigos de se levar em conta o mal sofrido

Reconhecemos aqui que o mal ocorreu; você obviamente vê o mal, mas o apaga. Antes que se aloje em seu coração, a coisa errada que a pessoa fez deve ser intencionalmente esquecida. Dessa forma, o ressentimento não tem oportunidade de se estabelecer. Se, no entanto, ele já se estabeleceu e ficou alojado no coração, o caminho a seguir é o mesmo: é preciso *parar* de levar em conta! O amor descrito em I Coríntios 13 vem por meio do perdão total. Isso significa rasgar os registros!

Não levar em conta as ofensas é, assim, a medicina preventiva, bem como uma cura. Se alguém consegue relevar o mal desde o início, ele ou ela está prevenido contra o ressentimento. Mas se o ressentimento já existe, deve-se tentar destruir o registro dos erros, de modo que a dor não possa mais ser remoída.

Satanás sabe o que sabemos, e fica por perto dia e noite para explorar qualquer fraqueza desse tipo. Ele tira vantagem de qualquer fraqueza em nós, se puder. A falta que ele mais gosta de ver, mais do que todas, é nossa incapacidade de perdoar e nossa tendência a acusar. É no contexto da oferta do perdão que Paulo disse não ignorar os meios de Satanás (II Co 2:11). A principal forma de Satanás levar vantagem sobre nós é através de nosso ressentimento – a recusa a deixar algo para trás, mas continuar remoendo as coisas. Por isso, é fundamental que nos livremos do ressentimento, para não entregarmos em bandeja de prata um convite ao diabo para intervir em nós e nos controlar. Ele certamente fará isso se não formos muito cuidadosos. É perigoso levar em conta o mal sofrido.

Por que guardamos registros? Para usá-los. Por que guardar registros de ofensas? Para fazer referência a elas. "Vou me lembrar disso", dizemos – e somos fiéis à nossa palavra. E, geralmente, a oportunidade não demora a surgir. Usamos o registro dos erros para chamar a atenção para eles, e, principalmente, para punir. Muitas vezes punimos os outros impondo-lhes a dor da culpa. Embora possamos reconhecer em nossa mente as palavras de Deus, "Minha é a vingança" (Rm 12:19), na verdade, em nosso coração, estamos dizendo, "Deus não está fazendo seu trabalho". Então fazemos o trabalho de Deus, punindo a pessoa que nos feriu – quer seja um cônjuge, um parente, um líder de Igreja, antigos professores, ou o patrão insensível e detestável.

Deixando para trás o registro dos males sofridos

O amor é uma escolha; é um ato de vontade. Guardar registro dos erros é também um ato de vontade, embora se chegue a ele de forma bem natural; não guardar registro dos erros será sempre resultado de um ato consciente da vontade.

A chave para deixar para trás esse registro e, portanto, a chave do perdão total, é também o controle da língua. É o que dizemos que causa o incêndio na floresta a que Tiago se refere:

> Assim também a língua é um pequeno membro e gloria-se de grandes coisas. Vede quão grande bosque um pequeno fogo incendeia. A língua também é um fogo; como mundo de iniquidade, a língua está posta entre os nossos membros, e contamina todo o corpo, e inflama o curso da natureza, e é inflamada pelo inferno.
>
> (Tiago 3:5-6)

A ironia é que, em vez de colocar algo para fora do peito ao apontar o mal dos outros, ela não apenas provoca o incêndio incontrolável, mas também o veneno que permanece dentro de nós. Em vez de o veneno desaparecer, ele dobra, intensifica-se e fica mil vezes pior no final. É apenas uma vitória satânica. Tudo começou com a língua, sim; mas, em última análise, a origem está em guardar registro dos erros.

Como lidar com a língua? Duas coisas, acredito, ajudarão: (1) recusar-se a apontar o erro à pessoa; e (2) recusar-se a apontar o erro da pessoa, quando ela não está por perto. Se isso se tornar um estilo de vida por opção, o registro de erros também pode se desintegrar! Em outras palavras, ao se recusar a abrir a ferida, o registro daquela ferida não mais existirá no sentido de nos corroer o tempo todo.

Esse tipo de coisa pode acontecer em uma conversa imaginária. É quando você não consegue tirar da mente "o que fizeram comigo", e passa a fantasiar sobre o que diria a eles, ou faria com eles, e o que poderia contar aos outros. Essa conversa pode ir longe – e uma hora inteira se passa, e você não faz trabalho algum, nem se sente melhor!

Uma noite, por volta das onze horas, eu estava indo dormir

e me peguei tendo uma conversa imaginária sobre alguém. Imaginei que tinha a oportunidade de contar tudo sobre essa pessoa. Imaginei um cenário no qual eu saía com uma boa imagem, e a outra pessoa, com uma imagem ruim. Mas o Espírito Santo – milagrosamente – entrou no assunto. Senti como se o ouvisse dizer: "Você pode obter uma vitória agora se se recusar a pensar em qualquer coisa para limpar seu nome". Ainda que não passasse de uma conversa que só existia em minha mente, percebi que tinha a oportunidade de triunfar – em meu espírito! Foi um momento maravilhoso. Foi fundamental. Porque era como se fosse real – e eu me recusei a dizer qualquer coisa sobre a pessoa. A paz entrou em meu coração, e eu soube, naquele momento, que nunca mais deveria entrar em conversas imaginárias – a não ser que fosse para recusar uma vingança. Eu não recomendaria que você se envolvesse em uma conversa imaginária. Mas, para aqueles que acham a prática terapêutica, diria apenas que deixem que seus pensamentos sejam positivos e saudáveis; não leve em conta os males sofridos em seus pensamentos, e você terá menos chances de expor os registros desses males por suas palavras.

Quando fico tentado a dizer algo negativo, mas me recuso a falar, muitas vezes consigo sentir o alívio do Espírito Santo aqui dentro. É como se Deus dissesse: *Muito bem*. É uma sensação muito boa. Afinal, Jesus fica tocado com as nossas fraquezas (Hb 4:15), e também nos permite sentir a sua alegria quando as derrotamos! Ele nos recompensa com uma paz incrível; ele envia o Espírito para testemunhar.

Recusar levar em conta nossos atos *certos*!

A conclusão lógica de não guardar registro dos erros, no entanto, é igualmente uma recusa a guardar registro de seus próprios atos *certos*! É tão desonroso à graça de Deus guardar registro dos atos certos quanto guardar registro dos erros. Por quê? Porque é exaltar a si mesmo e, implicitamente, dizer: "Eu bem que avisei" – fazendo com que a imagem de alguém piore. É preciso ser um gigante espiritual para não dizer, "Eu te avisei". Podemos dizer, "Não quero dizer", mas, na verdade, queremos, sim!

Muitas pessoas não apenas guardam registro dos erros, mas ainda têm uma lista maior ainda de quantas vezes estavam certas! Queremos que as pessoas saibam quem somos. Queremos que saibam que dissemos aquilo antes: "Está vendo como eu tinha razão? Você deveria ter me escutado".

O amor não apenas rasga o registro dos erros, mas também a lista dos atos certos. Dessa forma você terá destruído o registro que teria usado para se vingar! Se não há um registro de atos certos firmemente alojado em sua cabeça, você não será capaz de se referir a ele para provar quanto estava certo. Portanto, esqueça o que fizeram de errado, esqueça o que você fez de certo. Isto é, em parte, a razão pela qual Paulo disse: "Nem eu tampouco a mim mesmo me julgo" (I Co 4:3). Tenho concluído, muitas vezes, que poucos merecem a vingança a que pensam ter direito. Só posso dizer que, se a vingança é realmente merecida, ela certamente virá.

A experiência de Jim Bakker de deixar para trás os males sofridos

Recentemente assisti a uma edição extraordinária de Larry King ao vivo na Cable News Network. Era a primeira vez em quinze anos que Jim Bakker e Tammy Faye Messner (anteriormente Tammy Faye Bakker) apareciam na televisão juntos, diante dos olhos de milhões de telespectadores. Jim Bakker, o tele-evangelista, havia sido condenado a 45 anos de prisão por algo que, descobriu-se, não cometera. Seu suposto crime foi enganar deliberadamente seus telespectadores, levando-os a comprar casas que não existiam. Jim não foi vingado por um longo tempo, mas, enquanto isso, sua esposa Tammy Faye divorciou-se dele e casou-se com seu melhor amigo, Roe Messner. Após cinco anos fora da prisão, Jim casou-se com sua atual esposa, Lori Beth. Larry King convidou os *quatro* a comparecer ao seu programa de televisão.

Cada um tinha uma história para contar – de mágoas muito, muito profundas, e perdão total. Tanto Jim quanto Tammy, antes da prisão de Jim, sentiram-se traídos por um ministro norte-americano que foi quase inteiramente responsável pela condenação de Jim à prisão. Ambos precisavam perdoar esse ministro. Tammy tinha de perdoar Jim pelo encontro sexual com uma jovem – o episódio que o levou à sua queda. Jim não apenas tinha de perdoar as testemunhas injustas e o juiz tendencioso que o condenaram, mas também sua esposa por se casar com seu melhor amigo enquanto ele estava preso. Isso para não falar de certas mágoas que os outros dois participantes – Roe e Lori Beth – haviam experimentado.

Larry King perguntou a Jim como havia sido a prisão para ele. Jim respondeu: – Estávamos em uma situação inacreditável. Eu iria para a prisão por 45 anos. Na minha idade, nunca mais sairia dali, até morrer. Então, não culpo Tammy Faye por seguir em frente com a vida.

Não que Jim se sentisse assim desde o início! Mas, lentamente, conseguiu lidar com as coisas, perdoou totalmente Tammy Faye e apreciou totalmente sua decisão. Ele continuou:

– Nelson Mandela diz que não olhou a prisão como um dos baixos da vida; ele a considerou um alto. Quando me vi, de repente, na prisão por 45 anos – minha teologia não permitia isso naquela época –, foi como se Deus tivesse se afastado de mim. E sei que milhões de pessoas passaram por experiências, dizendo: "Por quê, Deus?". E à medida que eu estudava a palavra de Deus e tinha tempo de entrar mais na Bíblia, era a minha fé em Deus, e Deus a renovou. Na verdade, minha fé foi crescendo depois de cinco anos. Foi a melhor formação, e seminário, e relação íntima com Deus que já tive.

Larry King perguntou então: – Você está dizendo que, em certo sentido, olhando para trás, foi bom você ter ido para a prisão?

Jim respondeu: – Certamente, certamente! Aprendi tanto, e agora, trabalhando em bairros pobres de cidades em todo o mundo, eu entendo as pessoas. Quando eu digo que estive na prisão, é como se fosse melhor do que ser ordenado. Eles respondem a mim, porque sabem que sou como eles.

Larry virou-se para Tammy: – Você poderia ajudar muita gente, pois há um bocado de gente nos noticiários hoje, a história de Juliano e a história de Clinton. Você foi capaz de perdoar e superar a pior coisa que uma esposa pode passar. Como conseguiu fazer isso?

Tammy respondeu: – O perdão é uma escolha. Nossas vidas inteiras são escolhas.

Larry então disse a Tammy Faye, sobre o caso de Jim:

– Você podia ter ficado ressentida...

E ela respondeu: – Eu podia ter escolhido ficar ressentida e odiá-lo ou podia escolher perdoar. Foi muito difícil para mim perdoá-lo, foi muito difícil. Mas... Consegui perdoá-lo e entender o que aconteceu e seguir em frente.

Larry virou-se novamente para Jim: – E como você se sentiu em relação ao perdão?

Ao que Jim respondeu:

– A Bíblia é tão clara, e é isso que, estudando, aprendi na prisão. Quando comecei a estudar as palavras de Jesus Cristo, percebi algo importante que ele dissera a respeito de que se você não perdoar de coração, perdoando a todos, você não será perdoado. Cristo disse: 'Bem-aventurados os misericordiosos, porque alcançarão misericórdia'. Eu precisava de misericórdia, eu precisava de perdão, então quis dar aos outros o que eu precisava.

Larry perguntou a Jim: –Você achou fantástico ela ter conseguir perdoar isto?

E Jim respondeu:

– Se ela me perdoou ou não, você sabe, eu tinha de perdoá-la, eu tinha de perdoar a todos. Quero dizer, todo mundo que passa pelo divórcio sabe quão doloroso é, e aceitei toda a culpa, finalmente, porque percebi todos os erros que havia cometido. Percebi que tive o caso; fui eu que estraguei tudo, e deixei-a ali sozinha, para literalmente morrer sem marido.

Larry então disse a Tammy: – Então vocês mantêm uma relação amistosa agora. Como você explica isso?

Tammy respondeu: – Eu gosto deste homem, ele é um homem muito bom. Fomos casados por 30 anos e temos lembranças maravilhosas juntos, além de dois filhos incríveis, e eu gosto dele.

Larry perguntou a Jim se ele orava por Roe. Ele respondeu: – Certamente... Eu oro por Roe. Tive realmente de perdoar Roe por ter casado com minha esposa naquele momento em que eu estava na prisão. Quero dizer, era *preciso* perdoar. Estava na prisão, e Deus estava dando um jeito em mim para perdoar a todos. Você não pode simplesmente perdoar, você tem de orar para que Deus abençoe seus inimigos.

Larry respondeu: – Isso não facilita nada, não é?

Jim então disse:

– Eu tive de chegar ao ponto em que tinha de literalmente dizer a Deus – Roe é dos maiores construtores do mundo – e tive de dizer a Deus, se Deus algum dia quiser que eu construa algo novamente, eu construiria com Roe Messner. E eu tinha chegado àquele ponto em que eu podia dizer, Deus, seja feita a sua vontade, não a minha vontade.

Larry então olhou para os quatro e perguntou: – Não há ciúmes nesta sala?

A resposta unânime: – Não.

– Estão dizendo que vocês todos são amigos? – perguntou Larry. A resposta unânime: – Sim.

– Como vocês explicam isso? – Larry King perguntou. Jim Bakker, então, tomou a iniciativa:

– Só Deus pode ajudar as pessoas a realmente perdoar e seguir em frente. No livro de Colossenses, ele fala sobre isso. Por causa do que Cristo fez, somos puros, estamos sem julgamento sobre nós mesmos. No começo, quando fui para a prisão, eu ainda perguntava: 'Onde, Deus? Onde está você?'. Mas, à medida que eu passava os meses estudando a Palavra de Deus, percebi que a prisão fora um favor de Deus. Deus está dizendo: "Eu quero que você fique à parte". Todos na Bíblia, do Gênesis ao Apocalipse, passaram por um buraco ou por uma prisão ou pelos confins do deserto. Todos eles passaram por coisas ruins. Então as coisas ruins acontecem com as pessoas aconteceram com todos os grandes homens de Deus.

Larry King então concluiu aquela parte da entrevista e verbalizou o que milhões de pessoas que a assistiam devem ter pensado: – Estou passado –, disse ele.

Como vimos, Jim Bakker acabou sendo inocentado. Um professor de Direito da Universidade Fordham entrou em cena, como que do nada, e assumiu o caso de Jim, mostrando de forma convincente que Bakker era totalmente inocente das acusações de fraude. Depois de cinco anos de prisão, Jim foi libertado. Foi viver na solidão por um longo tempo, em uma fazenda na Carolina do Norte, Estados Unidos. Seu maior problema, diz ele, foi *perdoar a si mesmo*. Ele nunca acreditou por um momento que fosse culpado de desonestidade financeira, mas sabia que havia cometido um erro em pelo menos duas áreas:

(1) seu caso extraconjugal; e (2) seu ensino da prosperidade (que Deus quer que todos sejam prósperos). Nestes dois, ele sabia que estava errado. Como poderia se perdoar?

Perdoar a nós mesmos

Chegamos agora a uma questão importante à qual prometi voltar: perdoar a nós mesmos. É neste ponto que temo que talvez escreva além da minha própria experiência. Quando se trata de perdoar os outros, acho que fiz algum progresso – pois, do contrário, não poderia escrever este livro. Mas temo que estaria me aproximando de ser hipócrita se olhasse você nos olhos e dissesse: "Perdoei a mim mesmo também". *Acho* que perdoei, mas não consigo ter certeza.

Perdoar a nós mesmos significa vivenciar o amor que não leva em conta nossas próprias ofensas. Esse amor é uma escolha, como já vimos, e fazer a passagem para o lugar onde escolhemos nos perdoar não é um passo pequeno.

Assim, uma coisa é ter o avanço em relação aos outros – perdoando-os totalmente ao destruir o registro de informações; outra coisa bem diferente é experimentar o que para alguns pode ser um avanço ainda maior: perdoar totalmente a nós mesmos. Muitos dizem: "Consigo perdoar os outros, mas não consigo me perdoar. Sei que Deus me perdoa, mas eu não consigo me perdoar".

Um dos problemas que tenho para perdoar a mim mesmo é a tendência a esquecer que este também é um compromisso para a vida toda. Exatamente da mesma forma que preciso perdoar os outros a cada dia – razão pela qual leio Lucas 6:37 diariamente – preciso fazer isso comigo.

Deixe-me reafirmar por que devemos perdoar diariamente aqueles que nos magoaram e por que é um compromisso para toda a vida. É porque (1) tantas vezes somos forçados a reviver o que fizeram; (2) ficamos bem contrariados por estarem se safando depois do que fizeram; e (3) Satanás entra para explorar nossas deficiências nesta área. É por isso que devemos *renovar* nosso compromisso de perdoar – e ter certeza de que não tornaremos a colar os pedacinhos do papel rasgado contendo o registro dos males que nos fizeram.

É literalmente um processo diário, em muitos casos.

É assim também com o perdão a nós mesmos. Podemos acordar a cada dia com a consciência dos erros e fracassos do passado – e desejar ardentemente voltar no tempo, e começar tudo de novo. Assim, podemos ter sentimentos de culpa por nossa estupidez ter sido *relevada*. Mas o inimigo, o diabo, gosta de se intrometer e tirar vantagem de nossa culpa. Por essa razão, perdoar a nós mesmos é um compromisso para a vida toda – para aqueles de nós que têm o problema – tanto quanto perdoar um inimigo ou uma pessoa injusta.

Este capítulo pode justamente trazer o avanço que você vem procurando. Ele poderia libertá-lo de uma forma nunca antes experimentada. Isso porque temos medo de nos perdoar. Nós nos apegamos ao medo, como se fosse uma coisa de valor.A verdade é que esse tipo de medo não é amigo, mas, sim, um inimigo feroz. O sopro de Satanás é o medo de perdoarmos a nós mesmos. Não confiamos em como seria se perdoássemos a nós mesmos. De forma muito parecida, tememos como seriam os outros se eles se sentissem totalmente perdoados (abusariam – então tememos isso em nós mesmos).

Quando Deus nos liberta, faz com que, para nós, seja questão de honra libertar os outros também. Quando passamos este perdão aos outros, devemos também passar-lhes essa questão de honra. Jesus sabe que muitos de nós temos esse problema. Essa é mais uma razão pela qual Jesus apareceu inesperadamente, depois de sua ressurreição, quando os discípulos estavam reunidos, a portas fechadas, apavorados e atormentados pela culpa. Jesus não queria apenas que eles soubessem que estavam totalmente perdoados; queria que perdoassem a si mesmos Em vez de lembrá-los do que tinham feito, tomou como pressuposto que nada tinha acontecido e disse: "Assim como o Pai me enviou, também eu vos envio a vós" (Jo 20:21). Isso lhes deu dignidade. Mostrou que não havia ocorrido nada que pudesse mudar os planos de Jesus e a estratégia para eles. Ele já havia enviado um sinal a Pedro, que negou conhecer Jesus, quando o anjo disse: "Mas ide, dizei a seus discípulos, e a Pedro, que ele vai adiante de vós para a Galileia; ali o vereis, como ele vos disse". (Mc 16:7). "Então, todos os discípulos, deixando-o, fugiram" (Mt 26:56).

Eles se sentiram totalmente indignos. Depois, o Senhor ressuscitado apareceu e garantiu-lhes um futuro ministério!

Tenho pensado muitas vezes que um dos motivos de Pedro ter sido tão eficaz no Dia de Pentecostes é que ele estava ciente de ter sido perdoado. Ele sabia muito bem que, cinquenta dias antes, havia negado conhecer Jesus para uma garotinha que era apenas uma serva! Ele jamais poderia esquecer a expressão no rosto de Jesus quando o galo cantou. "E, saindo Pedro para fora, chorou amargamente" (Lucas 22:62). Quando ele pregou no Dia de Pentecostes, sentiu-se totalmente perdoado, e também sabia que não estava em posição de pregar a seus compatriotas judeus com um toque sequer de presunção e condescendência. Saber-se um pecador perdoado também impediu que Pedro competisse com a glória de Deus naquele dia. Só a Deus poderia caber a glória por aquelas três mil conversões. Não posso provar que Pedro tenha perdoado totalmente a si mesmo, mas suspeito que ele o fez. Lembro-me bem de um domingo de manhã, pouco antes do culto das onze horas, quando tive uma discussão com Louise. Eu nunca deveria ter feito aquilo, mas bati a porta de nosso apartamento, desci pelo elevador e, quando dei por mim, estava me curvando no altar superior na Capela de Westminster, diante de várias centenas de pessoas. Não sei o que elas estavam pensando, mas sei o que eu estava pensando: "Eu não tenho direito de estar aqui. Senhor, como é possível você me utilizar hoje? Não estou apto a estar neste púlpito". Era tarde demais para enviar uma bilhete a Louise, dizendo "Sinto muito". Não consegui atrair a atenção dela. Eu só poderia pedir a Deus por misericórdia, e fazer o melhor que pudesse para esquecer de mim mesmo. Eu achava que estava prestes a fazer o maior fiasco de pregação da história da Capela de Westminster. Nunca na vida havia me sentido tão indigno. Mas quando me levantei para pregar, não estava preparado para a ajuda que recebi. Deus simplesmente me sustentou e me permitiu pregar tão bem como eu jamais fizera antes! É, em parte, por isso que acho que Pedro se saiu tão bem no Dia de Pentecostes. Quando estamos esvaziados de hipocrisia e de orgulho, permitimos que Deus intervenha e aja através de nós.

Sinais de não termos nos perdoado

A prova de não termos perdoado a nós mesmos é que ainda nos sentimos culpados, nos culpamos; e não conseguimos funcionar sem esforço, apesar de termos confessado nossos pecados a Deus. Se nos sentimos culpados, acusamos a nós mesmos, e achamos que não podemos funcionar normalmente – embora tenhamos confessado os nossos pecados a Deus –, isso indica que ainda não perdoamos totalmente a nós mesmos. Isso significa que estamos presos a uma culpa que Deus já removeu; recusamo-nos a apreciar o que Deus fez livremente. Mas I João 1:9 é verdadeiro ou não. "Se confessarmos os nossos pecados, ele é fiel e justo para nos perdoar os pecados, e nos purificar de toda a injustiça". Se confessarmos nossos pecados, devemos tomar essa promessa com as duas mãos – e perdoar a nós mesmos, que é exatamente o que Deus *quer* que façamos.

A pessoa que não perdoou a si mesma é infeliz. O resultado de não perdoarmos a nós mesmos é, muitas vezes, que não conseguimos perdoar os outros. É, às vezes, como a velha questão: o que vem primeiro – o ovo ou a galinha? De forma semelhante, meu não perdoar a mim mesmo sairá pela culatra – e fico me debatendo para perdoar os outros. Ou meu não perdoar os outros pode resultar em um grande sentimento de vergonha por eu não me perdoar. Pessoas que não conseguem perdoar os outros sentem, muitas vezes, tanta vergonha de si mesmas que reprimem sua culpa e descontam em outras pessoas. O irônico é que o grau em que perdoamos os outros será, muitas vezes, o grau em que perdoamos a nós mesmos; o grau em que libertamos a nós mesmos será muitas vezes o grau em que perdoamos os outros. Mas nem sempre é tão simples assim, embora haja muitas coisas aqui sobre as quais devemos ponderar. É quase certo que aquele ou aquela a quem a culpa atormenta será especialista em colocar sentimentos de culpa nos outros. Às vezes é quase impossível dizer o que vem primeiro: perdoar os outros e então ser capaz de perdoar a si mesmo, ou perdoar a si mesmo e então ser capaz de perdoar os outros. Mas não é perdão total até que ambos sejam igualmente verdadeiros.

Por que não conseguimos perdoar a nós mesmos?

Qual é a causa da nossa incapacidade de perdoar a nós mesmos? No final das contas, por que não perdoamos a nós mesmos?

Pode ser raiva. É por isso que José disse a seus irmãos: "Agora, pois, não vos entristeçais, nem vos pese aos vossos olhos por me haverdes vendido para cá; porque para conservação da vida, Deus me enviou adiante de vós" (G45:5). Esses irmãos estavam começando a captar a mensagem de que José os havia perdoado, mas José sabia que eles iriam se debater para perdoar a si mesmos. Uma das provas de que José havia perdoado totalmente era que ele não queria que seus irmãos tivessem raiva de si mesmos.

É assim que Deus perdoa; ele não quer que fiquemos com raiva de nós mesmos. José, como nos lembramos, é considerado como uma espécie de Cristo do Antigo Testamento, isto é, aquele que, de certa forma, é como Jesus antes de o próprio Jesus aparecer em cena. Exatamente da forma como José perdoou seus irmãos, assim Jesus nos perdoa; e assim como José não queria que eles tivessem raiva de si mesmos, Jesus também não quer que tenhamos raiva de nós mesmos.

Não perdoar a nós mesmos é *ódio-próprio*, é sentir raiva de nós mesmos. Odiamos a nós mesmos pelo que fizemos. Aqueles homens que José perdoou odiavam-se pelo que haviam feito 22 anos antes: a venda de seu irmão aos ismaelitas para ser escravo. Eles não podiam voltar no tempo. Não teriam uma segunda chance.

Jesus nos diz: "Não fique zangado consigo mesmo". Ele até mesmo nos dá uma forma de pouparmos nossa imagem: que Deus estava por trás de tudo o que aconteceu, que estava dentro do propósito geral de Deus para o que ele quer fazer com nossas vidas. Pedro não ficou pior por sua insensatez de negar Jesus. Ele ficou envergonhado, sim, mas acho que ficou mais fácil viver com ele depois disso!

Lembro-me de uma conversa com um ministro que me contou sobre um caso sexual de outro pregador. Ele não parava de falar sobre como o comportamento deste homem tinha sido repugnante e condenável. Queria minha opinião sobre o que deveria ser feito. Eu respondi: – Não diga a mais ninguém, apenas reze por este homem. – Sério? – disse o ministro, que queria que eu entrasse em seu sentimento de aversão. Mais uma vez eu disse: – Não diga nada. – Sério? – repetiu o homem. – Sim – eu respondi –, pode acontecer com você. Tente administrar o espírito proposto em Gálatas: 1: "Irmãos, se algum homem chegar a ser surpreendido nalguma ofensa, vós, que sois espirituais, encaminhai o tal com espírito de mansidão; olhando por ti mesmo, para que não sejas também tentado". Eu lembro de me sentir um pouco desconfortável com este homem. Disse a mim mesmo: "Se algum dia eu caísse em um pecado profundo qualquer que fosse, este é o último homem a quem eu contaria algo".

Mas esse não é o fim da história. Alguns anos mais tarde, o mesmo ministro veio até mim com um problema: ele havia ficado atraído por uma mulher de sua congregação. Lembrei-me imediatamente da conversa anterior, mas nada disse a respeito. Simplesmente pedi para que ele rompesse a história – total e imediatamente. Ele, felizmente, pôs fim à atração e continuou a pregar. Confessou a Deus e sentiu-se perdoado. Mas há mais: sua pregação, depois disso, ficou mais terna e seu espírito geral ficou mais benevolente, não de hipocrisia.

Ninguém precisa ter um caso – ou mesmo chegar perto disso – para superar a hipocrisia. Na verdade, conheço alguns que se tornaram ainda mais hipócritas depois de cair em pecado: eles tentavam justificar tudo o que tinham feito. Mas a resposta para a hipocrisia não se encontra procurando-se uma oportunidade para pecar. Não seja tolo. No entanto, uma coisa é verdade: Deus pega um passado pecaminoso de uma pessoa e o faz contribuir para o bem de maneira tão brilhante e bonita que você é tentado a dizer que era para ser assim mesmo! É claro que não era para ser assim. Não mesmo! Mas acabou parecendo. Por quê? Deus o transformou em bem. E um benefício adicional de ser um desviado que retorna é que não deve haver espaço para uma atitude hipócrita.

Então você ainda não consegue perdoar a si mesmo? Será que é porque está com raiva de si mesmo? Jesus lhe diz neste exato momento: "Por favor, não fique. Não fique com raiva de si mesmo". Ele vai começar hoje a fazer tudo o que aconteceu encaixar-se em um arranjo para o bem, se você se perdoar. E não se sinta culpado ao fazê-lo! Deus diz: "Leve seu perdão e não olhe para trás". Deus pegará os anos desperdiçados e fará com que pareçam bons, antes que tudo acabe, é como Joel prometeu: "E restituir-vos-ei os anos que comeu o gafanhoto, a locusta, e o pulgão e a lagarta" (Joel 2:25).

Em alguns casos, porém, é mais o *medo* do que a raiva que milita contra nosso perdão a nós mesmos. O arrependimento do passado leva à culpa, e a culpa muitas vezes leva ao medo. Há o medo de perder "o que poderia ter sido", o medo de que o que aconteceu não possa, de forma alguma, vir para bem.

A verdadeira culpa e a pseudoculpa

Há, de fato, dois tipos de culpa: a culpa verdadeira (o pecado contra Deus) e a pseudoculpa (quando não há realmente pecado em jogo). Quando pecamos – como os irmãos de José fizeram, e como Pedro e os discípulos fizeram –, é preciso confessá-lo a Deus (I João 1:9). O sangue de Jesus cuida da verdadeira culpa. Pois esse sangue faz, basicamente, duas coisas: (1) lava os nossos pecados – como se nunca tivessem existido; e (2) satisfaz perfeitamente à justiça eterna de Deus. Deus apenas buscará satisfação no precioso sangue de seu Filho. Portanto, qualquer correção ou disciplina que venha de nosso Pai não é um complemento ao sangue de Jesus. Ele não quer acertar as contas conosco; ele "acertou as contas" – se quisermos usar essa expressão – na cruz. A palavra grega traduzida como *castigar* ou *disciplinar* (Hb 12:6) significa *aprendizado forçado*. É quando Deus nos ensina uma lição e se certifica de que a aprendemos! Embora disciplinar seja necessário porque somos pecadores, não se segue que Deus está à procura de mais satisfação. Por esta razão, o pecado confessado a Deus (porque você está arrependido) deve ser tomado como sendo totalmente perdoado por ele. Qualquer culpa que sintamos além disso é pseudoculpa.

Há, no entanto, dois tipos de pseudoculpa: (1) quando nunca houve pecado envolvido; e (2) quando o pecado foi perdoado. Em matéria de sentimento de culpa, deve-se reconhecer que a pseudoculpa – apesar de falsa – é muito real; isto é, nos sentimos agudamente culpados. Mas deve ser chamada de pseudoculpa porque, ao pensar bem nela, não há *razão boa* alguma para se sentir culpado.

Imagine, por exemplo, quando você se envolve em um acidente. Se está dirigindo, e uma criança corre à sua frente no último segundo, a culpa pode ser esmagadora. Mas não houve pecado. Não precisa ser confessado a Deus. (Contanto, é claro, que você não estivesse dirigindo sem cuidado ou rápido demais.)

Outro exemplo de falsa culpa é perder uma oportunidade. Tenho um amigo na Flórida que teve a chance de comprar um imóvel, há muitos anos, por cinco mil dólares. Ele recusou a oferta e, hoje, essa propriedade vale mais de um milhão de dólares. Ele se sente culpado por não ter usado seu dinheiro de forma mais sensata, mas isso não é culpa verdadeira.

A lista é interminável em se tratando de como a pseudoculpa pode afetar nossas vidas para o mal. Podemos nos deixar abater por algo com o qual não tivemos nada a ver; ser acusado de não falar com uma pessoa, quando você nem sequer a viu; não responder a uma carta que você nunca recebeu. Estes não são pecados, mas podem fazer com que nos sintamos culpados.

O outro tipo de pseudoculpa é quando você confessa seus pecados – arrependendo-se profundamente, inclusive –, mas não *se sente* perdoado. Uma vez que reconhecemos nosso pecado, precisamos aceitar nosso perdão e deixar o resto com Deus.

Não tenho escondido muito bem, ao longo dos anos, minha sensação de fracasso como pai. Hoje eu gostaria de ter dado mais tempo a T. R. e Melissa naqueles primeiros anos na Capela de Westminster. Hoje acredito que colocá-los em primeiro lugar – e não minha igreja ou a preparação de sermões – teria resultado em a Capela continuar igualmente bem, se não melhor. Mas agora é tarde demais. Sentir-me culpado por isso é não agradar a Deus por ele me haver perdoado totalmente. Ele quer que eu aceite meu perdão (creio que foi um pecado colocar minha Igreja e o ministério antes de minha família) e que deixe que *ele* restitua os anos que o gafanhoto comeu. Se, portanto, eu me permitir ficar revivendo meu fracasso, estarei cedendo à pseudoculpa, por dignificar a incredulidade. O que se exige de mim, portanto, é continuar destruindo o registro dos meus erros – a cada dia.

Uma das principais razões pelas quais Deus não gosta quando não perdoarmos a nós mesmos é porque é uma forma sutil de competir com a expiação de Cristo. Deus puniu Jesus por aquilo que fizemos (II Co 5:17). Quando não aceitamos nosso próprio perdão, é provavelmente porque queremos nos punir. Em vez de aceitar que o Senhor colocou sobre Jesus toda minha iniquidade (Is 53:6), quero punir-me por minhas falhas. Equivale a competir com o melhor de Cristo. Deus não gosta disso.

O medo e o não perdoar a nós mesmos

O medo é uma das principais razões pelas quais não nos perdoamos. Aquele ou aquela que teme não se aperfeiçoou no amor, e "o temor tem consigo a pena" (I João 4:18). Um dos derivados do medo é punir a nós mesmos por não nos perdoarmos. Sentimos que seria errado ficarmos impunes por nossa insensatez, então punimos a nós mesmos. Isso é errado. Não é o que Deus quer, de forma alguma. Na verdade, Paulo disse: "Porque não recebestes o espírito de escravidão, para outra vez estardes em temor, mas recebestes o Espírito de adoção de filhos, pelo qual clamamos: *Aba*, Pai" (Rm 8 15). Paulo disse a Timóteo: "Porque Deus não nos deu o espírito de temor, mas de fortaleza, e de amor, e de moderação" (II Tm 1: 7).

Quando percebemos que o medo – e punirmos a nós mesmos por nossos erros – desagrada a Deus, isto deve resultar em uma tristeza cada vez maior por não nos perdoarmos. É-nos exigido que nos afastemos de nossa insensatez passada. E quando ficarmos tentados a olhar para trás, tente ver a sinalização dizendo *não invadir*. Ou, como Corrie ten Boom disse, *proibido pescar*.

Minha esposa Louise foi grandemente abençoada pelo ministério de Rodney Howard-Browne, especialmente quando ela participou de uma semana de seus cultos em Lakeland, Flórida, em janeiro de 1995. Mas não foi apenas o ministério de Rodney que a ajudou; foi o ministério cantante de Janny Grein e sua canção:

> Como as estações do ano fazem sua volta
> Há uma lição aqui a aprender
> Asas quebradas levam tempo para consertar
> Antes de aprender a voar novamente
> No sopro de Deus elas subirão
> E serão mais fortes do que antes.

Não olhe para trás, para o passado
O que era fogo agora são cinzas
Deixe que tudo isso morra e desapareça
A hora agora é de seguir em frente.

Janny Grein

Louise lembra-se de Janny gritando estas palavras: "Deixe o passado ser passado – finalmente".

É isso que Deus está nos dizendo neste capítulo. Deixe o passado ser passado, finalmente. Perdoar a nós mesmos assim como àqueles que nos prejudicaram.

Orgulho, hipocrisia e autopiedade

O que temos dito neste capítulo sobre não perdoar a nós mesmos pode, no final das contas, ter sua origem no orgulho. É isso, fundamentalmente, que está em ação quando competimos com o sangue de Cristo. Nós, em nossa arrogância; e a hipocrisia não suporta que o Senhor faça tudo por nós com tanta benevolência, por isso achamos que estamos sendo espertos se o ajudamos um pouco. É uma forma abominável de pensar. Nosso orgulho deve ser ofuscado pela humildade de deixar que Deus seja Deus e que o sangue de Cristo faça o que, de fato, fez: remover nossa culpa e satisfazer a Deus.

Assim como o medo e o orgulho são gêmeos idênticos, a hipocrisia e autopiedade também são. Sentimos pena de nós mesmos, e o demonstramos não nos perdoando. É por essa razão que a pseudoculpa pode evoluir para uma culpa muito real e atroz diante de Deus. É falsa culpa, pois Deus disse: "Você não é culpado", mas nós a tornamos uma culpa real quando, de fato, respondemos, "Somos, sim".

A moral da história é: não perdoar a nós mesmos é errado e desonroso a Deus.

Mas vamos supor, a esta altura, que você leia isto e diga: "Concordo. Sei que não perdoar a mim mesmo é errado, mas não consigo evitar". O que é possível fazer para ajudá-lo a se perdoar, se você realmente deseja? O problema é em parte psicológico, em parte teológico. Não tentarei ser psicólogo neste livro. Essa especialidade está fora de minha unção. Mas, não obstante, acredito que existam alguns problemas psicológicos que podem ser curados, em parte, por uma teologia sólida e fundamentada.

Compreendendo a culpa

A capacidade de perdoar a nós mesmos vem de certa forma de entender a culpa. A culpa significa um sentimento de ser responsável por algo que ocorreu. Por exemplo, quando você responsabiliza os outros, guarda um registro dos erros deles. Quando você atribui a culpa a si mesmo, guarda um registro de seus erros. A culpa verdadeira existe onde há pecado envolvido. O Espírito Santo mostra-nos o nosso pecado. A obra inicial do Espírito, de acordo com João 16:8, é que ele se convence do pecado. Quando Isaías viu a glória do Senhor, ele se convenceu do pecado (Is 6:1-5). Quando andamos na luz, sabemos que o sangue limpa o pecado, mas caminhar na luz também revela pecados em nós que podemos não ter visto antes (I João 1:7-8).

Mas o sentimento de culpa que Deus instiga é temporário; é momentâneo: "Porque a sua ira dura só um momento; no seu favor está a vida. O choro pode durar uma noite, mas a alegria vem pela manhã" (Sl 30:5). Deus somente usa a culpa para chamar nossa atenção. Quando dizemos: *Me desculpe* (realmente sentindo o que dizemos), isso é suficiente para Deus. Ele não nos espanca e exige que fiquemos em jejum por trinta dias para complementar a expiação de Cristo. Ele nos convence do pecado para chamar nossa atenção; mas, tendo feito isso, ele quer que sigamos em frente.

Compreendendo a graça

A capacidade de perdoar a nós mesmos, portanto, estende-se a entender a graça. A graça é um favor imerecido. A piedade é não recebermos o que merecemos (justiça); a graça é receber o que não merecemos (perdão total). Nossa necessidade de nos sentirmos merecedores para poder seguir em frente é orgulho – hipocrisia. A graça não é graça se temos de ser bons o bastante para que ela se aplique a nós.

Pedro *sabia* o que tinha feito, e sabia que estava perdoado;

Davi *sabia* o que tinha feito e pediu misericórdia a Deus (Sl 51). Graça é aceitar o que não merecemos; mas pode parecer muito injusta quando fomos tão terríveis. Desapontamos Deus; desapontamos os outros.

Mas *é* justo, diz João: "Se confessarmos os nossos pecados, ele é fiel e justo para nos perdoar os pecados, e nos purificar de toda a injustiça" (I João 1 :9). O sangue de Jesus fez um trabalho maravilhoso. Deus não está à procura de mais satisfação. Nós nos perdoamos na medida em que realmente acreditamos nisso!

A questão resume-se a isto: nossa compreensão de Deus. Deus concede a graça, é benevolente. Ele não quer que nos sintamos culpados. Ele conhece nossa estrutura. Sabe como somos formados, e lembra-se de que somos "pó" (Sl 103:14).

Não há nada mais torturante do que a culpa, mas o amor de Deus afasta o medo. Quanto mais perto estamos de Deus, menos o medo existe. Quanto mais longe estamos de Deus, mais o medo existe. Porque Deus é amor (I João 4:16), ele é *bom* (Sl 136:1).

O estilo de Deus é este: ele nos mostra o nosso pecado, para que o reconheçamos, e não o justifiquemos, mas o confessemos – para podermos seguir em frente e deixar o passado ser passado. É o diabo, nunca Deus, que acusa a partir daí (Ap 12:10). Como vimos, quando não queremos perdoar a nós mesmos, tornamo-nos alvo fácil para Satanás. Ele olha com alegria quando vê um cristão que não consegue se perdoar; ele explorará essa fraqueza ao máximo. Mas as coisas ficam difíceis para ele quando a pessoa perdoou verdadeiramente a si mesma de tudo o que é passado

Todas as acusações sobre pecados confessados vêm do diabo. Quando você sabe que aplicou I João 1:9, e sente uma voz acusando aquela falha passada, pode escrever: essa voz não veio de seu Pai Celestial. Ela não veio de Jesus. Não veio do Espírito Santo. Veio, sim, de seu inimigo, o demônio, que age como um leão rugindo – para assustar (I Pd 5:8) – ou como um anjo de luz – para enganar (II Co 11: 14) – ou às vezes ambos, ao mesmo tempo. E nunca se esqueça, o amor perfeito atira fora o medo (I João 4:18).

Um dos perigos de não perdoarmos a nós mesmos é não apenas deixarmos o medo nos controlar, mas até mesmo cairmos na armadilha de lembrarmos as falhas dos outros. Em outras palavras, ter perdoado totalmente a nós mesmos, mas não aos outros, nos levará de volta ao ressentimento para com os outros. E já vimos como é contraproducente o ressentimento para com os outros – mas também é contraproducente quando há ressentimentos contra nós mesmos.

Deixe o passado ser passado

A doce consequência de não levar em conta os males (dos outros e nossos) é que largamos o passado e seu efeito sobre o presente. Dessa forma, deixamos a Deus nossos cuidados e confiamos nele para restituir os anos perdidos e fazer tudo contribuir para o bem. Encontramo-nos, quase milagrosamente, aceitando a nós mesmos como somos – que é o que Deus faz. Com todas as nossas falhas – como Deus faz. E, mesmo nos aceitando, embora sabendo que temos o potencial de cometer mais erros, Deus nunca fica desiludido conosco; ele já nos ama e nos conhece por dentro e por fora. É por isso que ele ainda pode nos usar.

Moisés tinha um passado; ele fora um assassino. Anos mais tarde, ele proclamaria o oitavo mandamento: não matarás (Ex 20:13). Davi teve um passado, e um futuro depois de sua vergonha: "Então ensinarei aos transgressores os teus caminhos, e os pecadores a ti se converterão" (Sl 51:13). Jonas fugiu deliberadamente de Deus, mas ainda assim foi usado em um surpreendente Reavivamento (Jonas 3). A desonra de Pedro – negando Jesus – não abortou os planos de Deus para ele. Todos estes homens tiveram de perdoar a si mesmos.

Você é capaz de fazer isso? Tendo perdoado os outros, é hora de perdoar a si mesmo. Mesmo que esse pecado leve tanto tempo para ser perdoado. Mas depois de tê-lo conseguido, perdoe a si mesmo também. É exatamente isso que Deus quer de você e de mim. Já expirou há muito tempo: deixe o passado ser passado... finalmente.

CAPÍTULO

7

Como perdoar – totalmente

> Eu, porém, vos digo: Amai a vossos inimigos, bendizei os que vos maldizem, fazei bem aos que vos odeiam, e orai pelos que vos maltratam e vos perseguem.
>
> Mateus 5:44

Nem todos os que devemos perdoar são inimigos, pois há aqueles que devemos perdoar que nem sabem que nos feriram, ou, se sabem, não teriam feito isso intencionalmente. Devemos perdoar alguém por quem sentimos raiva porque somos nós que estamos em necessidade, não eles. E é por essa razão que o perdão total – em certo sentido – se torna uma coisa egoísta. Como disse Jim Bakker, "Cristo disse: 'Bem-aventurados os misericordiosos, porque alcançarão misericórdia'. Eu precisava de misericórdia, eu precisava de perdão, então quis dar aos outros o que eu precisava".

Perdoando aqueles que *não* são inimigos

Algumas das pessoas que mais tive de perdoar não eram meus inimigos em nada. Com isso, quero dizer que não estavam tentando me derrubar ou me machucar. Eram pessoas que eu esperava que fossem me ajudar. Em certa ocasião, pedi a um velho amigo para escrever uma menção favorável a um livro que eu havia escrito. Ele se recusou, em parte porque não havia na obra coisas suficientes com as quais concordava, e, em parte, porque eu estava ganhando uma reputação de me misturar com pessoas que ele não aprovava. Isso doeu. Ele certamente não era um inimigo, mas ainda assim tive de perdoá-lo. Eu precisei perdoar aqueles que sentiram necessidade de se distanciar de mim por eu não ecoar sua *linha partidária*. Tive de perdoar aqueles que não precisavam mais de mim como um dia já precisaram. Essas coisas machucam. Mas essas pessoas não são inimigas. A ironia é que, às vezes, é mais difícil perdoar aqueles que não são inimigos, mas nos magoaram profundamente, do que perdoar alguém que é realmente um inimigo.

Acredito, de fato, que tive alguns inimigos. Refiro-me, com isto, àqueles que não apenas se opuseram a mim e aos meus ensinamentos, mas procuraram ativamente me abater e destruir minha reputação. Eu tive de perdoá-los – totalmente – e creio que, pela graça de Deus, perdoei verdadeiramente.

O que se entende por ter um inimigo?

O que é um inimigo? É uma pessoa que quer te prejudicar, ou que diria algo sobre você de modo a colocar sua credibilidade ou integridade em questão. Eles se alegrariam com sua queda ou falta de sucesso. Não orariam para que Deus te abençoasse e fizesse prosperar, mas torceriam para que Deus te derrubasse.

Um inimigo é uma pessoa que odeia, mas nem sempre admite a palavra ódio. Digo isso porque, se seu inimigo for cristão, ele sabe que é errado odiar. Então, usa qualquer outra palavra ou expressão: *detesto*, *desprezo*, *não suporto*, *me embrulha o estômago*, *não posso nem ver*... Em uma palavra: pessoas que simplesmente não gostam de você e mostram isso de uma maneira ou de outra, mais cedo ou mais tarde. O ciúme é, muitas vezes, parte da questão. Mas se a pessoa é cristã, não espere, aqui também, que ela admita ser ciumenta! “Eu? Ciumento? Nunca!”

Um inimigo é ainda alguém disposto a tirar vantagem de você. Para citar Mateus 5:44, na *Bíblia KJV*, são pessoas que “se utilizam de você com desprezo”. Elas passam por cima de você. Caso saibam que você vive pelo princípio de “Minha é a vingança" (ou seja, que Deus vinga sem nossa ajuda), em vez de respeitá-lo, exploram isso ainda mais – sabendo que você não vai retaliar. Às vezes, um cristão é inescrupuloso nos negócios com outro cristão, porque sabe que esse cristão em particular jamais processaria outro cristão (I Co 6:1-8). Tais pessoas podem publicar coisas difamatórias, pois sabem que você não as processará.

Um inimigo, muitas vezes, persegue. O termo grego para *perseguir* significa simplesmente *seguir* ou *procurar*. Eles perseguem porque estão obcecados. O rei Saul ficou com ciúmes de Davi, por ele ser mais popular. Como resultado, o rei Saul se preocupava mais com a ameaça da unção de Davi do que com os arqui-inimigos de Israel – os filisteus! Saul perseguiu Davi, mas nunca obteve sucesso.

A principal tática do perseguidor é deixar você desacreditado, se houver chances de você ficar em evidência. Ele quer passar a limpo tudo o que disser a seu respeito. Fala coisas a seu chefe, impede que você consiga aquela promoção ou aumento, diz a seus amigos coisas que ele acha que precisam ser ditas, para que você não fique impune pelo que fez. Essas pessoas se ocupam em impedir que você tenha sucesso ou seja admirado pelas pessoas do escritório ou da Igreja. E mais ainda: se são cristãs, alegam que fazem isso por Deus e sua glória! "Expulsar-vos-ão das sinagogas; vem mesmo a hora em que qualquer que vos matar cuidará fazer um serviço a Deus" (João 16:2). Gente assim não mata com a espada ou com uma arma; eles fazem isso com a língua ou com um caneta. Às vezes você preferiria que o matassem apenas fisicamente para acabar logo com tudo!

A bênção de ter um inimigo!

Mas quanto maior for a dor, maior a bênção que virá. A motivação principal para perdoar não é apenas a promessa de misericórdia por ser misericordioso, mas a maior recompensa é a prometida – quer seja concedida aqui na terra ou no céu. Digo isso por causa das palavras de Jesus quando ele chegou à última Bem-aventurança:

> Bem-aventurados sois vós, quando vos injuriarem e perseguirem e, mentindo, disserem todo o mal contra vós por minha causa. Exultai e alegrai-vos, porque é grande o vosso galardão nos céus; porque assim perseguiram os profetas que foram antes de vós.
>
> (Mateus 5:11-12)

Se você tem um inimigo real, implacável e genuíno – e tem certeza de que essa pessoa não é uma invenção da sua imaginação ou ansiedade –, deve pensar em si mesmo como alguém sentado em uma mina de ouro 24 quilates. Exceto pelo fato de que todos os inimigos de Cristo são nossos também, nem todo mundo tem um inimigo feroz. Nem todo mundo é tão abençoado assim. Mas se você é de fato abençoado – e Jesus guarda o melhor para o fim, nas Bem-aventuranças –, agarre a oportunidade com as duas mãos. Você deve (em sua mente) tirar uma foto dessa pessoa, ampliá-la e enquadrá-la, e agradecer a Deus cada vez que você olhar para ela. Seu inimigo, caso você lide com ele ou ela corretamente, acabará sendo a melhor coisa que já lhe aconteceu.

Estava dizendo à minha esposa Louise, enquanto me preparava para escrever este capítulo, que o incidente que me levou a ter de perdoar aqueles que me magoaram, anos antes, tinha sido "a melhor coisa que já me acontecera". Disse isso a ela porque é a verdade. Bem, talvez seja um pouco de exagero, quando penso em minha conversão, em ter me casado com Louise e algumas outras coisas boas! Mas, muitas vezes, é o que sinto; eu não trocaria por nada o incidente devastador que levou Josif Tson a dizer: "R. T., você precisa perdoá-los totalmente".

> Quando por águas profundas eu fizer-te passar,
> Meus rios de tristeza não te hão de cobrir;
> Pois contigo estarei, teu sofrer abençoarei,
> E tua mais profunda angústia hei de santificar.
>
> 'K' na *Seleção* de Rippon, 1787

Ao saber que alguém está obcecado por você, e também disposto a desacreditá-lo, você é realmente muito abençoado. Isso não acontece com todo mundo. Você foi escolhido, pois, por trás de seu inimigo, está a mão de Deus. Deus possivelmente criou seu inimigo somente para você! A perseguição do rei Saul a Davi foi, na época, a melhor coisa que poderia ter acontecido a Davi. Fazia parte – parte muito vital – da preparação de Davi para ser rei. Ele teve a unção sem a coroa (I Sm 16: 13), e Deus estava cuidando para que, quando chegasse o dia de usar a coroa, ele estivesse pronto. Lembra-se da citação do dr. Lloyd-Jones: "A pior coisa que pode acontecer a um homem é ter êxito antes de estar pronto". Deus fez a Davi um favor muito especial: ergueu Saul para mantê-lo alerta, para ensiná-lo a ser sensível ao Espírito (I Sm 24:5) e para ensinar-lhe o perdão total. Saul era o passaporte de Davi para uma maior unção.

Perdoando totalmente nossos inimigos

Quando você perdoar totalmente seu inimigo, terá adentrado o sobrenatural. Talvez você seja como eu, quer dizer, talvez queira poder sobressair em todos os dons do Espírito, participar de sinais e prodígios; talvez adorasse ver sua utilidade intensificada e ampliada por uma dupla unção – pois esse tipo de coisa é sobrenatural, isto é, está *acima* e *além* da ordem natural das coisas. Em outras palavras, não há uma explicação natural para o realmente milagroso. Mas se você e eu perdoarmos totalmente alguém que é de fato um inimigo (como descrevi anteriormente), acredite, você acabou de adentrar o reino do sobrenatural. Você pode não falar em várias línguas; você pode não ter ressuscitado uma pessoa dos mortos. Mas quando você perdoar totalmente um inimigo autêntico, então chegou lá: você passou para a *grande primeira divisão*, o sobrenatural.

Creio que estamos falando do nível mais elevado de espiritualidade que existe. Melhor do que isso, impossível. Perdoar totalmente um inimigo é tão espetacular quanto qualquer milagre. Ninguém pode saber. Você intercede silenciosamente pelas pessoas, na solidão. Apenas Deus, os anjos e o diabo sabem.

Estamos falando de uma façanha maior do que escalar o Monte Everest, pois perdoar totalmente um inimigo é escalar o Everest espiritual. Significa o maior marco na peregrinação espiritual de qualquer pessoa.

E ainda está ao alcance de qualquer um de nós. Não é preciso ter altas conexões no governo, nos negócios ou na sociedade.

Não requer formação específica alguma. Nenhum exame vestibular ou processo seletivo. Não é necessário um alto nível de inteligência. Você e eu podemos fazer algo extremamente raro: perdoar um inimigo (se o tivermos). Amar um inimigo desafia explicações naturais.

Começa tendo-se motivação suficiente. Estou literalmente buscando, nestas linhas, motivá-lo para fazer o que poucos fazem – mas que todos podem fazer: perdoar totalmente quem feriu você. E a bênção está além do que as palavras podem descrever.

Por que tenho inimigos?

Quando Jesus disse: "Amai os vossos inimigos", pressupôs que temos um ou mais. A maioria das pessoas tem, em algum grau. Infelizmente, muitos (senão a maioria) serão da mesma comunidade de fé. Jesus certamente pressupôs isso. Nada mudou realmente. Há muita perseguição vinda daqueles que afirmam crer em Deus tanto quanto você. E, no entanto, a questão pode não ser teológica em absoluto. Simplesmente não gostam de você!

A origem da inimizade pode ser explicada quase inteiramente em termos da carne. Por exemplo, seus inimigos não suportam você ser como é. Eles nunca admitirão isso, naturalmente, assim como nunca admitirão ter ciúmes. Essas pessoas estão cheias de culpa e descontam em você.

Pode ser que não suportem que esteja do lado em que está. Se estivesse do lado deles, ou apoiando sua linha partidária, então – apenas talvez – eles o tolerassem. Mas se acontecer de você estar do lado de um grupo diferente, que eles simplesmente não acatam, você então é pego no fogo cruzado! Não é culpa sua.

Eles podem estar com raiva de Deus por abençoar você. Ou por tê-lo colocado onde está. Você tem aquele emprego de prestígio. Paga bem. Você é admirado por seu chefe e pelo pessoal do escritório. Deus nos abençoou com certos talentos e dons. Haverá sempre alguém para tentar derrubá-lo. Se você foi abençoado com uma boa reputação, não se surpreenda se alguém se ressentir com a possibilidade de Deus estar por trás disso. Muitas vezes, o inimigo não sabe que ele ou ela está, na verdade, com raiva de Deus.

Embora haja bons argumentos para afirmar que a origem de seu inimigo é o diabo (João 13:2), assim como a carne, a razão última de você e eu termos inimigos é Deus. Por quê? É disso que precisamos. Davi precisava de um inimigo. Assim como você e eu. Isso ajuda a nos tornarmos humildes, para que não nos levemos a sério demais. Um inimigo nos mostra como somos. Deus frequentemente permite que um inimigo lance uma grande ofensiva contra nós – e, então, o Senhor parece nos abandonar. Ele fez isso com Ezequias, a fim de testá-lo e ver o que havia em seu coração (II Cr 32:31). Deus ergue um inimigo para ver se realmente queremos ser como Jesus.

Então, não fique com raiva de seu inimigo! Muitas vezes, é Deus quem está por trás de uma pessoa que quer impedir você de alcançar seus objetivos. "Mas Deus não quer que eu alcance meu objetivo?" Sim – se esse objetivo for ideia dele. "Deleita-te também no SENHOR, e te concederá os desejos do teu coração" (Sl 37:4). Se seu objetivo permanecer o mesmo enquanto cresce seu amor a Deus, pode ser um bom sinal... de que você vai chegar lá – no tempo dele. Deus vai exaltá-lo no devido tempo (I Pd 5:6). Deus cria um inimigo para nos manter alerta, mas também de joelhos. Deus sabe exatamente do que precisamos. Ele é soberano. Ele manterá nosso inimigo vivo e bem enquanto precisarmos dele. Quer seu inimigo seja temporário ou uma *sentença perpétua*, nunca se esqueça de que Deus está por trás de tudo.

Eu estava pregando recentemente na Irlanda do Norte, e um ministro veio até mim depois do culto e perguntou: – A esposa pode ser o inimigo?

Essa me pegou de surpresa. Mas eu disse: – Sim. Acredito que, em um casamento, o marido e a mulher possam desenvolver tal desafeição um pelo outro, que o único caminho para esse casamento seja o ensinamento de Jesus sobre o perdão total. Alguém disse uma vez ao devoto John Fletcher: "Você sabia que John Wesley se levanta todos os dias às quatro da manhã para orar?".

Fletcher respondeu: "E você tem ideia do que deve ser viver com a senhora Wesley?". Tudo o que pode ser dito sobre um inimigo geralmente pode acabar descrevendo um marido ou uma esposa. O único caminho é perdoar. Totalmente.

O objetivo de seu inimigo é punir de alguma forma. Colocar você em seu lugar. Manter você sob controle. Ele sente que, se não fizer isso, ninguém fará. Em vez de deixar que Deus o faça, ele sente ser o próprio instrumento de Deus para colocar você em seu lugar. Embora o motivo do inimigo, no fundo, talvez seja carnal, a razão de Deus para usá-lo é a nossa santificação.

Amar os inimigos

Assim, Jesus nos propõe o maior desafio que já existiu. É um desafio ao espírito humano maior do que quando a Ciência colocou o homem na Lua. É, simplesmente, o maior desafio da terra: amar seu inimigo. Jesus usa a palavra *ágape*, como Paulo usaria em I Coríntios 13. Não é *eros* (o amor físico ou sexual), nem *philia* (amor fraternal). *Ágape* é a preocupação altruísta. É o amor abnegado. Não é necessariamente afeto. Você pode amar uma pessoa e não querer passar férias com ela. Você ama uma pessoa e não gosta dela; mas pode agir desinteressadamente.

Isso pode ser quase esmagador. O desafio que Jesus nos propõe é desarmar seu inimigo; não através de expor a todos quanto ele estava errado – não através de confrontar o ódio dele com o seu. O desafio que Jesus coloca é: desarmá-lo amando-o. Quando faz isso, você aceita e supera o maior desafio da terra.

Voltamos à questão da escolha. O amor não é o que você sente. Perdoar não é fazer o que vem naturalmente. É comum dizerem: "A gente não controla o que sente". Portanto, perguntamos; a decisão de amar alguém é uma repressão ou negação dos sentimentos? Não. A repressão quase nunca é algo bom de ser feito. Reprimir é jogar com a mente, e você pode não saber que está fazendo isso. O amor é uma decisão consciente de perdoar – mesmo que você não sinta vontade! Não espere ter vontade, ou provavelmente jamais perdoará. Perdoe porque é certo, não por sentir vontade de relevar. Portanto, escolhemos perdoar – ou não perdoar.

Perguntaram muitas vezes a Nelson Mandela como ele emergiu de todos aqueles anos na prisão sem ressentimento. Sua resposta é simples: "O ressentimento só fere a nós mesmos". O problema, porém, é que muitas pessoas ressentidas percebem isso, mas ainda não conseguem perdoar. Elas sabem, racionalmente, que o ressentimento é um autoempobrecimento. Mas continuam fazendo a mesma coisa... continuam ressentidas. Como Nelson Mandela fez essa transição? A resposta está em suas palavras ao presidente Bill Clinton: "Ao odiar, você entrega seu coração e sua mente. Não abra mão dessas duas coisas".

O paradoxo do perdão total é que ele é, simultaneamente, egoísta e altruísta. É egoísta – no sentido de que você gosta demais de si mesmo para se ferir com o ressentimento; é altruísta – no sentido de que você se dedica ao desejo de que alguém nunca seja punido! Você poderia até dizer que o perdão total é tanto egoísmo extremo quanto altruísmo extremo. Você está zelando por seus interesses próprios quando perdoa totalmente, mas quando liberta totalmente alguém, você tira suas mãos da pessoa de uma vez por todas.

A questão, portanto, é saber qual dos dois vencerá: a superação da raiva de que alguém não seja descoberto ou punido – e isso é fazer um favor a si mesmo – ou ceder ao ressentimento e trabalhar dia e noite para que esse alguém *receba seu castigo* – o que consumirá sua própria alma e acabará por destruir você?

Mesmo os não cristãos enfrentam isso. As histórias de alívio e alegria de perdoar totalmente – por parte daqueles que não são cristãos – não são poucas. Em tais histórias, a pessoa perdoa não porque quer agradar a Deus; não porque o ressentimento entristece o Espírito; não porque livrar as pessoas garante uma maior unção. Ela o faz porque suas condições físicas e emocionais melhoram ao perdoar, e pioram ao não perdoar.

Mas escrevo este livro como cristão, principalmente para cristãos. Isso certamente deixa-nos a todos sem desculpa. Assim, se um não cristão é capaz de perdoar outro, quão maior é a medida em que o cristão deveria fazê-lo? Nós é que fomos advertidos por Jesus: "Porque, se perdoardes aos homens as suas ofensas, vosso Pai celeste também vos perdoará. Mas se não perdoardes aos homens as suas ofensas, também vosso Pai vos não perdoará as vossas ofensas" (Mt 6:14-15). Isso significa que, como cristãos, não temos escolha. Isto significa que perdemos a comunhão com Deus e a bênção aqui na terra quando não perdoamos. Se formos perdoados de todos os nossos pecados – e isso inclui os pecados que esquecemos – como ousamos negar isso aos outros?

Tentar justificar nosso pecado

O erro que muitos de nós cometemos é este. Dizemos abertamente e (aparentemente) em tom razoável: "Sei que sou pecador. Fiz coisas bem ruins – mas não tão ruins e horríveis quanto o que fizeram comigo". É uma fala das mais comuns, seja sobre estupro, abuso infantil, mentiras cruéis ou infidelidade. Dizemos, "Eu nunca estupraria, mataria ou abusaria fisicamente de alguém". Ou então dizemos: "Posso ter furtado algo do supermercado. Posso ter tapeado o imposto de renda. Posso ter fofocado um pouco. Mas nunca abusaria de uma criança". Podemos estar entre aqueles que dizem, "Sei o que é perder as estribeiras. Já senti ciúmes algumas vezes. Já cobicei o sucesso de alguém. Mas nunca fiz nada tão ruim quanto ser infiel à minha amada esposa/ao meu amado esposo".

Compreendo isso. A maioria de nós tem de perdoar ofensas específicas que nós mesmos jamais cometeríamos contra alguém. Verdade. Mas o que também não percebemos de início – e a verdade pode não ser encarada por muito tempo – é o sentido quando Jesus diz que quem de nós for injusto nas pequenas coisas também o será nas grandes (Lc 16:10). Quer concordemos ou não, essa é a doutrina de Jesus sobre o pecado. É sua visão das pessoas. Os *pequenos* pecados que cometemos e que parecem relativamente inofensivos (roubar uma esferográfica do escritório) apenas mostram o que mais poderíamos fazer se soubéssemos que ficaríamos impunes. O flerte de leve com o sexo oposto não é senão a ponta do iceberg daquilo que gostaríamos de fazer – se soubéssemos que não seríamos pegos.

A questão é esta. Deus não apenas conhece os pecados que cometemos, mas os pecados de que somos capazes. Ele conhece nossos corações. Vê o que está lá no fundo e que talvez não estejamos dispostos a encarar. Nossa hipocrisia e nosso senso pessoal de decência muitas vezes camuflam o mal que temos lá no fundo. Quando o sangue de Jesus nos purifica de todos os pecados (I João 1:7), isso significa que somos perdoados daquilo que existe e não conhecíamos. A verdade é que, nas circunstâncias certas, pressão, tentação, tempo e lugar, qualquer um de nós pode fazer o mesmo mal (ou seu equivalente aos olhos de Deus) que temos de perdoar. Se negarmos isto, é porque não concordamos com o que a Bíblia diz sobre homens e mulheres de qualquer cor, cultura, escolaridade ou origem.

E mesmo concordando com a Bíblia, as coisas não ficam mais fáceis. Ainda ficamos indignados ao ver que aquela pessoa – que conhece a verdade e deveria ter pensado melhor – foi capaz de praticar este ato, ou de ferir-nos assim. Mas a Bíblia está dizendo que nós também somos: (1) culpados de um pecado diferente, mas igualmente abominável aos olhos de Deus; ou (2) capazes de um pecado igualmente ruim aos olhos de Deus; ou (3) que ainda podemos cair em um pecado como o daquela pessoa, ou pior. Tenha cuidado aqui. Não perdoar não apenas leva a um ressentimento mais profundo, mas, como já vimos, à capacidade de cometer uma ofensa pior do que jamais sonhamos. Deus pode nos julgar, permitindo-nos, por fim, cair exatamente no mesmo pecado que exige nosso perdão – caso sejamos cabeças-duras, permanecendo recalcitrantes. Certamente já vi isso acontecer. Sei, com certeza, de pessoas que ficaram indignadas com um determinado tipo de conduta e que, depois, fizeram a mesma coisa que tanto criticaram. É por isso que Jesus disse: "Não julgueis, para que não sejais julgados" (Mt 7:1).

Mas Deus ainda nos dá motivos para fazer a coisa certa, apelando ao nosso interesse próprio. Ele não precisa disso; poderia dizer: "Faça porque estou mandando e porque é certo". Poderia, mas não disse. Ele poderia ter dito: "Você roubou de Deus por negar o dízimo. Comece a fazer isso porque é minha lei". Poderia, mas não disse. E, sim: "Trazei todos os dízimos à casa do tesouro, para que haja mantimento na minha casa, e depois fazei prova de mim nisto, diz o SENHOR dos Exércitos, se eu não vos abrir as janelas do céu, e não derramar sobre vós uma bênção tal até que não haja lugar suficiente para a recolherdes" (Ml 3:10). Da mesma forma, Deus apela para que façamos o que é ordenado e certo – mas de modo a nos incentivar a obedecer.

As razões pragmáticas para perdoar

Quais são as razões pragmáticas para perdoar?

1 Considere as consequências se você perdoar

"Liberte-os e você será libertado", disse-me Josif Tson. O que pensei que não pudesse fazer, acabei fazendo. Josif estava certo. Senti-me liberto por dentro. A escravidão não valia a pena. A ausência de ver o rosto de Jesus não valia a pena. A falta de paz não valia a pena. Mas conseguir a antiga paz de volta – eu tinha me esquecido de como era – valeu por tudo. Deus é um Deus ciumento e não nos deixa desfrutar da paz interior se tivermos um espírito que não perdoa.

Lembro-me de quando comecei a perceber que a antiga paz havia ido embora. Foi em agosto de 1956. Menos de um ano antes, tive o que gosto de chamar de minha própria experiência da Estrada para Damasco, dirigindo o meu carro de Palmer a Nashville, Tennessee. O Senhor Jesus Cristo me abençoou com tamanha paz que eu não poderia descrevê-la, ainda que eu fosse Shakespeare, Wordsworth e Shelley em um homem só. A paz era simplesmente indescritível. Mas, em agosto de 1956, perdi as estribeiras com meu pai. Ele me acusou de renegar as crenças com as quais fui criado, e disse que eu estava completamente fora da vontade de Deus. Fiquei completamente maluco, como dizem. Não deveria, mas fiquei. Senti-me tão mal depois. Se ao menos pudesse ter lhe pedido perdão por perder as estribeiras (não pedi), e se ao menos eu o tivesse perdoado por suas palavras bem-intencionadas, mas falsas (perdoei). Em vez disso, resolvi passar os anos seguintes vingando-me. Bem que eu gostaria que um Tson Josif tivesse surgido ao meu lado, naquela época, e me alertado para as consequências de meu ressentimento. Quem dera. Tudo o que sei é que muito tempo se passou até eu encontrar a chave do caminho de volta à paz.

Isso é estranho, não é? Aqui temos as palavras simples de Jesus, na oração do Pai-Nosso, para não falar de todas as palavras de Jesus e do resto do Novo Testamento. E tentei de tudo, desde dízimo a dízimo em dobro, a orar duas horas por dia, a subir nos altares dos cultos quando vinha o impulso, a pedir para orarem com as mãos sobre mim e outras coisas. Tudo que eu precisava fazer era perdoar meu pai – e um número cada vez maior de pessoas que, depois dele, também questionou minha pessoa e meu rumo na vida.

Se este livro é feito sob medida para você (porque você está lutando para perdoar e superar o ressentimento), considere a paz interior e o pensamento claro que estão mais próximos do que o alcance da mão, mais do que o ar que você respira. Está perto de você, até mesmo em seu coração. Perdoe-os. Libere-os. Faça isso em seu coração. Recuse aquelas conversas imaginárias que roubam seu tempo e seu sono. Pense em coisas agradáveis. "Quanto ao mais, irmãos, tudo o que é verdadeiro, tudo o que é honesto, tudo o que é justo, tudo o que é puro, tudo o que é amável, tudo o que é de boa fama, se há alguma virtude, e se há algum louvor, nisso pensai" (Fl 4:8). Se precisar mesmo de conversas imaginárias, imagine-se recusando contar o que sabe, e, em vez disso, liberte aquela pessoa e pense em deixá-la à vontade.

Qual poderia ser a motivação de Estevão para alcançar um auge de espiritualidade como ele conseguiu? Eu não sei. Duvido que Deus tenha dito: "Perdoe seus inimigos e seu exemplo terá um papel na conversão de Saulo de Tarso". Tudo que sei é que, quando Estevão estava sofrendo as dores enormes de seu apedrejamento, pelo qual fisicamente tombou e morreu, conseguiu proferir: "Senhor, não lhes imputes este pecado" (Atos 7:60). Saulo testemunhou tudo e jamais esqueceu. Nós tampouco. "Mas, como está escrito: as coisas que o olho não viu, e o ouvido não ouviu, e não subiram ao coração do homem, são as que Deus preparou para aqueles que o amam" (I Co 2:9). Quem sabe, Deus o usará caso você – de uma vez por todas – liberte alguém e nunca mais olhe para trás.

2 Considere as consequências de não perdoar

Jesus, de fato, afirmou de maneira forte: "Se, porém, não perdoardes aos homens as suas ofensas, também vosso Pai vos não perdoará as vossas ofensas" (Mt 6:15). Isso não significa que você não será guiado ou cuidado. Deus ainda me guiou e olhou por mim. Mas agora percebo por que perdi o tanto que um dia tivera. Por maiores que fossem os planos de Deus para mim, ele não quebrou as regras por mim. Permitiu-me ficar profundamente em dívida e sofrer a humilhação de precisar sair do ministério da pregação em tempo integral; fui vendedor de porta em porta de aspiradores de pó durante anos, vivendo sob uma nuvem que fazia com que não acreditassem em mim, e fazendo meu religioso pai acreditar em tudo o que ele mais temia a meu respeito.

Se feri minha saúde em tudo isso, não sei dizer. Mas, em alguns casos, a recusa a perdoar leva a inúmeras doenças físicas. A falta de perdão envelhece; ela coloca linhas no rosto antes do tempo. Em alguns casos, significa insônia.

Ter de perdoar meu pai *não* era o que possuía em mãos quando tive meu já mencionado encontro com Josif Tson, pois minha amizade com Josif veio muitos anos depois. Mas a verdade é essa. Não perdoar meu pai tornou mais fácil e natural eu ser ressentido depois. A pessoa que se tornou como um pai substituto (eu recorria a uma outra pessoa em busca de aprovação) me machucou ainda mais do que meu pai, e o ressentimento para com ele ficou mil vezes pior. Mas eu não tinha convicção alguma de que isso era errado. Nem Deus se manifestava com algum grande poder. Mas eu perdi a unção que poderia ter sido minha.

As consequências de um espírito que não perdoa resumem-se a uma só coisa: o ressentimento não vale a pena. O diabo não quer que você perdoe os outros; ele adora quando você fica ressentido. Assim, ele tem acesso a você. Portanto, ele apresenta o que parecem ser boas razões para querer que seu adversário seja punido – e por você, se possível. Aliás, aquelas conversas imaginárias são inspiradas por ele. Ele quer lhe roubar tempo, energia e alegria. Você pode esperar obstáculos em seu caminho, se tentar perdoar. Eles parecerão *providenciais* – desculpas para que você seja exceção à regra. Nunca se esqueça de que, quando Jonas decidiu fugir de Deus e rumar para Társis, encontrou (providencialmente!) um navio que estava indo para lá (Jonas 1: 3); naquele momento, parecia que Deus estava por trás de sua decisão. Você também encontrará formas e motivos pelos quais não precisa perdoar, mas as consequências disso serão desastrosas.

Como o perdão é uma escolha, qual é o próximo passo? Se estivermos convencidos de que é certo, e decidirmos fazê-lo (e não olhar para trás), o que vem depois? A resposta já foi dada no Capítulo 2, mas vou reiterar as razões aqui.

Passos do perdão total aos outros

1 Tome a decisão deliberada e irrevogável de não contar a ninguém o que fizeram

(Como disse anteriormente, talvez seja necessário fazer isso por razões terapêuticas, mas conte, então, a apenas uma pessoa, que, por sua vez, nunca irá revelar seu coração.) Jesus também disse que quem é fiel nas pequenas coisas também é fiel no muito, e esta é a primeira delas. Não mencione; recuse-se a contar a alguém o que sabe.

Às vezes, isso não é tão fácil assim, mas quando nossa motivação é ferir outra pessoa contando coisas sobre ela, há pecado de nossa parte. Então não conte nada, quer no todo ou em parte; deixe quieto.

2 Seja agradável com eles quando estiverem perto

Não levante nenhuma questão; não diga nem faça nada que possa deixá-los ansiosos. Deixe-os à vontade.

Isso pode ser difícil de fazer, certamente mais difícil do que o primeiro passo. Nós é que temos medo quando não conseguimos perdoar. Quando passamos nosso medo a eles, é totalmente o oposto do que Jesus faria. Ele diria: "Não temais". Josif Tson diz que existem 366 declarações de *não tenha medo* (ou equivalente) na Bíblia; "Uma para cada dia do ano, e uma para anos bissextos", diz ele. Deus não quer que tenhamos medo; não devemos fazer ou dizer qualquer coisa que faça com que os outros tenham medo. Seja agradável. Deixe-os à vontade. É isso que Jesus fez quando apareceu depois de sua ressurreição a dez discípulos a portas fechadas (Jo 20:19).

3 Se a conversa seguir, diga aquilo que os libertaria da culpa

A culpa é muito dolorosa; e nós podemos facilmente punir as pessoas, fazendo com que se sintam culpadas. Nunca faça isso. Lembre-se de que Jesus não quer que nos sintamos culpados. Quando queremos ser Jesus para com o outro, não vamos querer que ele sinta raiva de si mesmo.

Essa é difícil. Temos alguma satisfação quando achamos que a pessoa se sente mal mesmo. Isso nos desarma e acalma um pouco nossa raiva. Mas se queremos ser valentes e totalmente magnânimos – mostrando assim a verdadeira piedade –, dizemos o que equivale às palavras de José, "Nem vos pese aos vossos olhos" (Gn 45:5). Ele não permitiria que seus irmãos se sentissem culpados, e isso é uma escolha que devemos fazer. É difícil, mas é o que iríamos querer, se as coisas se invertessem e nós precisássemos de perdão. "E como vós quereis que os homens vos façam, da mesma maneira lhes fazei vós, também" (Lc 6:31).

4 Deixe a pessoa se sentir bem consigo mesma

Isso não apenas significa não lembrá-la da própria ofensa e de sua mágoa, mas também ajudá-la a atravessar qualquer culpa que possa ter. Isso pode ser feito sem qualquer referência ao que ela fez. Se não for abertamente, como na situação de José, claro que é diferente; ele deixou que seus irmãos preservassem a dignidade, mostrando a estratégia soberana de Deus em seus pecados. Mas, em muitos casos, você não será capaz de falar sobre nada especificamente. Você ainda pode deixar que conservem a dignidade, porque sabe que as pessoas sabem o que fizeram.

Portanto, você deve se comportar como se nem sequer achasse que eles fizeram algo errado! Isso é duro para todos nós, mas deve ser feito. Diga o que puder (desde que seja verdade) que dê a essa pessoa um sentimento de dignidade. Esse é o conteúdo de Gálatas 6: 1: "Irmãos, se algum homem chegar a ser surpreendido nalguma ofensa, vós, que sois espirituais, encaminhai o tal com espírito de mansidão; olhando por ti mesmo, para que não sejas também tentado". Enquanto não houver um traço de hipocrisia e impulso de acusar, sua tentativa de perdão total sairá pela culatra.

A melhor maneira de deixar que o outro conserve sua dignidade é sentir e mostrar a sua própria vulnerabilidade – que você teria feito o que ele fez se estivesse em seu lugar naquele momento. Ao respeitá-lo, mostrando que é um pecador igual a qualquer outro e pior do que muitos – o que é verdade –, isso permite que ele se sinta melhor. E mantenha alguma dignidade. Deus faz isso conosco.

5 Proteja a pessoa de seu pior medo

Se você souber de algum segredo profundo e sombrio que o outro tenha, ele provavelmente saberá que você sabe. Se ele perceber, pela sua benevolência, que o segredo nunca será revelado – jamais – a ninguém –, ficará aliviado. Somente diga a ele quando souber que ele sabe o que você sabe, e estiver convencido de que isso o fará se sentir melhor. Se lembrá-lo, obviamente não vai fazer com que ele se sinta melhor – não chegue nem perto!

Recordemos que José sabia que o maior medo de seus irmãos era que seu pai Jacó descobrisse a verdade do mal que fizeram. José nunca mencionou isso diretamente, mas sugeriu que eles falassem com Jacó de tal forma que eles não teriam, afinal, de contar (veja Gn 45:9-13). Para os irmãos, deve ter sido um alívio incalculável saber que não eram obrigados a contar a Jacob. Mas essa é a essência do perdão total: libertar as pessoas.

6 Continue assim hoje, amanhã, este ano e no próximo

Como já dissemos, o perdão total é um compromisso para a vida toda. Alguns dias serão mais fáceis do que outros. Chegará um momento em que você pensa que superou completamente a questão e conquistou a vitória total – apenas para descobrir, logo no dia seguinte, que Satanás vem relembrar você o que fizeram, da injustiça absoluta pela qual não serão punidos, nem nunca expostos. Surgirá a tentação ao ressentimento. Afinal, não somos perfeitos! Se dissermos que não temos pecado – que somos incapazes daquele velho ressentimento –, estamos enganados (I João 1:8).

É exatamente por isso que leio Lucas 6:37 todos os dias: "Não julgueis, e não sereis julgados. Não condeneis, e não sereis condenados. Soltai, e soltar-vos-ão" (Lc 6:37). Todos os compromissos de perdoar precisam de renovação. Em meu caso, diariamente. Não estou dizendo que é isso que você deve fazer, mas fique avisado: o diabo é astuto. Ele entra inesperadamente pela porta de trás, e tenta perturbá-lo por perdoar. Quando você perdoou seu inimigo, removeu, neste momento, o convite aberto para que o diabo entre. A lógica favorita de Satanás é o ressentimento – portanto, ele continuará tentando voltar a sua vida mental.

Quer se trate de Lucas 6:37 ou de outro caminho a seguir em seu caso – mesmo que você não seja obrigado a mantê-lo a cada dia –, posso lhe dizer agora mesmo que é apenas uma questão de tempo até que seu compromisso de perdoar precise ser renovado.

7 Ore pela pessoa

"Eu, porém, vos digo: Amai a vossos inimigos, bendizei os que vos maldizem, fazei bem aos que vos odeiam, e orai pelos que vos maltratam e vos perseguem" (Mt 5:44). Quando fizer isso de coração – orar para que a pessoa seja abençoada, e sua situação, relevada –, você chegou lá. Não é uma oração que se faz de modo rotineiro, superficial, não uma oração de "Confio-o a você", e, certamente, nem uma oração de "Oh, Deus, por favor, dê um jeito nele". É orar para que Deus perdoe a pessoa – isto é, que *esqueça* o que ela fez, e a abençoe e a faça prosperar, como se ela nunca tivesse pecado.

Mas, como disse João Calvino, fazer isso é "extraordinariamente difícil". Como disse Crisóstomo (344-407), é o mais alto cume do autocontrole. "Melhor é o que tarda em irar-se do que o poderoso, e o que controla o seu ânimo do que aquele que toma uma cidade" (Pv 16:32).

Orar por quem nos feriu ou decepcionou é o maior desafio de todos, por três razões: (1) você toma uma rota totalmente contrária à carne; (2) ninguém nunca saberá que você está fazendo isso; e (3) poderia partir seu coração quando Deus atender essa oração e abençoar a pessoa como se ela nunca tivesse pecado.

E, ainda assim, a palavra de Jesus para orar por essas pessoas não é uma sugestão educada; é um comando – e um comando que pode parecer tão escandaloso, que você quer dispensá-lo logo de cara. Alguns veem isso como uma meta ambiciosa, mas irrealista.

Lembro-me de um líder de Igreja que recorreu a mim para orar a respeito de seu genro, que havia sido infiel a sua filha. Ele me dizia que sua oração era apenas esta: que Deus "desse um jeito" neste homem. "Foi esse o ponto a que cheguei", disse, "que Deus dê um jeito nele". Entendi o que ele queria dizer; senti por ele. Acho que o que fazem com nossos filhos são as coisas mais difíceis de perdoar. Por isso, entendi o que ele estava sentindo. Poucos dias depois, foi noticiado que o genro desse homem havia sofrido um grave acidente. Esse mesmo líder de igreja estava ao telefone, contente pelo fato de o acidente ter acontecido. Agora, neste caso em particular, não havia nada de sinistro em sua euforia. Ele simplesmente esperava que o acidente despertasse o genro para a recuperação do casamento. Era muito compreensível.

Mas não é o que Jesus quer. Ele nos comanda a orar para que nossos inimigos sejam abençoados. Se, no entanto, você vier a orar para que eles sejam amaldiçoados ou punidos, e não abençoados, apenas lembre-se de que é possivelmente assim que seu inimigo se sente em relação a você. Afinal, já foi inimigo de alguém? Você já fez algo que levou um companheiro, um cristão, às lágrimas e ao quebrantamento? Se sim, como gostaria que essa pessoa orasse por você? Que Deus dê um jeito em você? Que Deus faça com que sofra um acidente? No entanto, como é que se sentiria se ele orasse para você ser abençoado e dispensado da culpa, e para prosperar como se nunca tivesse pecado? Você não gostaria disso? "E como vós quereis que os homens vos façam, da mesma maneira lhes fazei vós, também" (Lc 6:31).

Jesus quer de nós uma oração sincera. É como assinar seu nome em um documento, apresentá-lo a testemunhas, e nunca mais olhar para trás. Você não tem permissão de dizer ao mundo: "Adivinha o que eu fiz? Eu realmente orei para que meu cônjuge infiel seja abençoado". Não. É em silêncio. Só os anjos testemunham, mas Deus fica muito contente.

Afinal, todos os pais querem que seus filhos se deem bem uns com os outros. Nenhum pai gosta quando um filho vem e dedura o outro, exigindo que ele seja punido. O pai pobre é posto contra a parede. O que alegra o coração de todos os pais é quando há amor e perdão, e você não é posto contra a parede para tomar partido e punir alguém. É isso que fazemos a Deus quando pedimos que ele abençoe, e não amaldiçoe. Ele nos disse para orar por nossos inimigos, "... para que sejais filhos do vosso Pai que está nos céus; porque faz que o seu sol se levante sobre maus e bons, e a chuva desça sobre justos e injustos" (Mt 5:45).

Os cinco estágios da oração por nossos inimigos

Há cinco estágios, ou níveis, na oração por um inimigo:

Dever. Esse é o primeiro nível, e não há nada de errado nisso. É obediência, mesmo que você esteja fazendo por achar que é preciso.

Dívida. É quando você está tão consciente de ter sido perdoado, que não pode deixar de orar por seus inimigos. Você não quer que Deus divulgue tudo a seu respeito, então ora para que eles também sejam poupados.

Desejo. É o que você realmente quer. Não que sentisse isso desde o início; começou como dever. Mas agora você alcançou o estágio em que realmente deseja orar por aqueles que o magoaram.

Deleite. É levar o desejo um passo adiante. É quando você ama fazê-lo! Você fica contente em saber que Deus sabe. Você sabe que isto o agrada. E não está longe de sua mente o fato de que orar dessa forma significa maiores unção e recompensa nos céus (Mt 5:12).

Durabilidade. Isso significa que o que você assumiu como um compromisso de vida torna-se um estilo de vida. A ideia de voltar atrás ou orar de maneira diferente está fora de questão. Tornou-se hábito e já não parece algo extraordinário.

Como disse Jackie Pullinger: "Para a pessoa espiritualizada, o sobrenatural parece natural". O que começou como um dever, e parecia intransponível, agora é quase uma segunda natureza.

Tudo isso é em segredo. Por trás da cena. Só os anjos sabem. É intercessão silenciosa. Não lhe é permitido receber a recompensa ou os aplausos das pessoas que podem pensar, "Oh não é lindo você orar assim por seus inimigos?". Não. É um segredo que nunca deve ser contado. Entre em seu local de oração e feche a porta atrás de você. "E teu Pai, que vê em secreto, ele mesmo te recompensará" (Mt 6:4).

Há várias consequências de orar por seus inimigos ou pela pessoa que o decepcionou. A consequência óbvia é aquela recompensa no céu. Ela pode ser manifestada de uma dentre duas formas, ou de ambas: (1) bênção e unção maior do mundo – vindas do céu, claro (Jesus não disse necessariamente que tínhamos de esperar até morrer); (2) aquela grande recompensa quando chegarmos ao céu. Essa é a consequência garantida de orar assim.

Esteja avisado de outra consequência – Deus pode atender sua oração! "Ai, não!", você pode dizer, "Só orei assim porque fui obediente. É claro que Deus não ouviria realmente minha oração e, literalmente, abençoaria e faria prosperar aquela pessoa má?" Bem, ele pode, de fato, atender a essa oração. Você a fará ainda assim?

A propósito, vamos supor que magoe alguém. Se esse alguém orasse pela sua prosperidade, você não se oporia, não é? Como sabe que isso não aconteceu? Como sabe que seu próprio sentimento de bênção e realização não é a resposta à oração de outra pessoa pelo seu bem, mas a quem magoou muito? Você pode dizer: "Nunca orariam por mim dessa forma". Talvez. Mas o próprio fato de você ser abençoado e, no entanto, ter causado sofrimento a alguém é prova de que Deus não escolheu cobrar todas as suas ofensas, ainda. Seja grato apenas por isso, e ore para que assim continue, pedindo que Deus tenha misericórdia dos outros – quando nada, para que você possa continuar como beneficiário da misericórdia.

Sim, Deus pode atender essa oração. Ele atendeu a oração de Jesus pelo perdão de seus algozes no Calvário (Lucas 23:34) e 3 mil foram convertidos em um dia (Atos 2:41). Ele atendeu a oração de Moisés, e toda uma nação foi poupada (Nm 14:19).

Outra consequência surpreendente de sua oração é que, talvez, quem sabe, seu inimigo possa tornar-se seu amigo. O inimigo de hoje pode ser o amigo de amanhã. Foi isso que Deus fez conosco: "Deus estava em Cristo reconciliando consigo o mundo, não lhes imputando os seus pecados; e pôs em nós a palavra da reconciliação" (II Co 5: 19). Você também pode muito bem vencer o seu inimigo amando-o e orando por ele. "Não quero essa pessoa como amigo", você pode dizer. Tudo bem. Já vimos anteriormente que o perdão total nem sempre significa reconciliação. Não se sinta culpado se não quiser que vocês se tornem amigos íntimos, mas, em alguns casos, isso acontece. E se houver uma reconciliação ou uma aproximação de amizade, essa pessoa pode lhe dizer, "Você foi brilhante o tempo todo. Foi amoroso e generoso, nunca vingativo". Uma regra prática: trate seu inimigo hoje como você gostará de ter feito caso um dia vocês venham a ser bons amigos.

A maior consequência de todas, porém, é simplesmente saber que você agradou a Deus. Quero ser como Enoque, que alcançou este testemunho: ele agradou a Deus (Hb 11:5). Nada agrada tanto a Deus quanto amarmos e orarmos por nossos inimigos. É significativo que os problemas de Jó pararam, e seu cativeiro virou, quando ele orou por aqueles amigos que foram seus verdadeiros perseguidores e torturadores durante seu sofrimento. "E o SENHOR virou o cativeiro de Jó, quando orava pelos seus amigos; e o SENHOR acrescentou, em dobro, a tudo quanto Jó antes possuía" (Jó 42:10).

Fazer isso é, sem dúvida, nosso dever – mas acaba tornando-se um prazer. Ao odiar, você entrega ao inimigo seu coração e sua mente. Como disse Nelson Mandela, *não abra mão dessas duas coisas*.

Conclusão

Margaret Moss, cujo marido, Norman, foi ministro da Igreja Batista de Queen's Road, em Wimbledon, deu-me permissão para compartilhar as duas histórias seguintes. Soube de ambas através dela, porque perguntei aos Moss se tinham visto alguém ser curado recentemente. Ela deu dois exemplos atuais, e os dois, por acaso, dizem respeito ao tema deste livro.

O primeiro é sobre uma mulher que havia sofrido um acidente de carro 22 anos antes. Em todos esses anos, ela tivera dores constantes no pescoço, e acabou perdendo sua habilitação porque não podia mover a cabeça em qualquer direção – não sendo sequer capaz de olhar o espelho retrovisor. Margaret perguntou se ela alguma vez tinha orado pelo motorista do carro que causou o acidente. "Não", respondeu prontamente. Margaret, então, sugeriu que ela orasse por ele. E a senhora orou: "Eu o perdoo". Depois Margaret sugeriu que ela o abençoasse. E a mulher começou a orar pela bênção desse homem. "A dor passou", relatou Margaret na manhã seguinte, em que a mulher, afinal, conseguira mover o pescoço pela primeira vez em 22 anos. Isso foi há mais de um ano, e a cura tem continuado.

O segundo relato envolvia uma senhora na faixa dos 40 anos, cujo pai havia abusado gravemente dela. Essa senhora afirmava que havia dito ao Senhor: "Eu o perdoo" – repetidas vezes. Mas, apesar de orar assim, continuava com o espírito pesado, contou-me Margaret. Ela sugeriu, então, que a senhora começasse a abençoar seu pai, além de dizer que o perdoava. E, segundo Margaret, assim foi feito. No momento em que disse: "Abençoo meu pai", a senhora explodiu de entusiasmo! O peso passou completamente! A última vez que Margaret viu esta senhora, ela relatou que o espírito de peso não havia voltado, e a ainda acrescentou: "Agora minha vida mudou completamente".

Quanto à necessidade, em ambos os casos, de orar pelo perdão e também pela bênção para que as pessoas se libertem, só posso concluir que o perdão não é perdão total até que abençoemos nossos inimigos – e oremos para que eles sejam abençoados. Perdoá-los é um grande passo; perdoá-los totalmente começa, de fato, quando liberamos Deus, por assim dizer, para abençoá-los. Porque, quando pedimos a Deus para perdoá-los, e queremos isto, ele esquecerá as ofensas deles como se nunca tivessem acontecido – o que permite que sejam abençoados.

No entanto, somos os primeiros a ser abençoados, e também suspeito de que aqueles que perdoam totalmente são os mais abençoados.

Na *Introdução* deste livro, observamos como o ensinamento e a realização do perdão vêm sendo reconhecidos como válidos e terapêuticos, mesmo fora do âmbito da fé cristã. Você se lembrará do artigo do *Daily Express* sobre o curso em Leeds. A razão deste curso, que foi custeado graças a um apoio de 120 mil libras esterlinas da Fundação John Templeton, era aparentemente provar que o perdão pode fazer bem à saúde. Nutrir um rancor, afirma-se, leva a doenças que vão de resfriados comuns a problemas cardíacos, devido a toda a raiva e todo o estresse acumulados. O dr. Sandi Mann, psicólogo da Universidade de Lancashire Central, acredita que há uma forte ligação entre nossas emoções e nosso sistema imunológico. Tudo isso serve para demonstrar os benefícios de perdoar as pessoas – mesmo que alguém não seja motivado por Jesus e pelo Novo Testamento! Na verdade, aqui estão dez passos para a liberdade, conforme se lia no artigo do *Daily Express*:

1 Pare de desculpar, indultar ou racionalizar.

2 Identifique as ações que magoaram você.

3 Passe algum tempo pensando em como sua vida seria mais satisfatória se você pudesse abandonar suas mágoas.

4 Tente trocar pensamentos raivosos sobre a "maldade" do agressor por pensamentos sobre como o autor também é um ser humano vulnerável a danos.

5 Identifique-se com o provável estado de espírito do agressor. Entenda o histórico do autor, embora não concorde com seus atos.

6 Passe algum tempo desenvolvendo mais compaixão para com o agressor.

7 Torne-se mais consciente de que você precisou do perdão de outras pessoas no passado.

8 Tome uma resolução de coração de não passar adiante a própria dor.

9 Passe algum tempo apreciando o senso de propósito e o caminho que vem das etapas 1 a 8.

10 Desfrute da sensação de alívio emocional que vem quando o peso de um rancor já se desfez. Aproveite também o sentimento de boa vontade e misericórdia que você demonstrou.

Há duas expressões na Epístola aos Hebreus: "Quanto mais" (Hb 9:14) e "Quanto maior" (Hb 10:29). A ideia é que, se há certas coisas que eram verdadeiras sob a Lei Mosaica, quanto mais é prometido agora que Cristo veio e cumpriu a Lei?

Parece-me, portanto, que se o mundo secular está compreendendo os ensinamentos de Jesus – mesmo sem reconhecê-lo ou ao Espírito Santo – e obtendo benefícios, quanto mais os cristãos devem vivenciar isso? Em outras palavras, se não cristãos podem encontrar a paz, porque é melhor para sua saúde, quanto mais devemos você e eu – que queremos agradar a Deus e honrar o Espírito Santo – apreender este ensinamento com todo o coração? Ele certamente deixa-nos a todos sem desculpa.

A coisa mais profunda que já ouvi Joni Eareckson Tada dizer foi isto: "Sou cristã não pelo que isso faz por mim, mas porque é verdade". Portanto, devemos acreditar no ensinamento de Cristo porque é verdade.

No entanto, também funciona. Deixe o passado ser passado – finalmente!